毎日のドリル 学研

# できたよ ★ シート

べんきょうが おわった ページの ばんごうに
「できたよシール」を はろう!

名前

算数

| 1 | 2 | 3 | 4 | 5 |

| 11 | 10 | 9 | 8 | 7 | 6 |

| 12 | 13 | 14 | 15 | 16 | 17 |

国語

| 1 | 2 | 3 | 4 | 5 |

| 11 | 10 | 9 | 8 | 7 | 6 |

| 12 | 13 | 14 | 15 | 16 | 17 |

生活

| 1 | 2 | 3 |

| 6 | 5 | 4 |

いっしょに
がんばろう!

JN041992

2年全科

# やりきれるから自信がつく!

## ✓ 1日1枚の勉強で, 学習習慣が定着!

◎目標時間にあわせ, 無理のない量の問題数で構成されているので,
「1日1枚」やりきることができます。

◎解説が丁寧なので, まだ学校で習っていない内容でも勉強を進めることができます。

## ✓ すべての学習の土台となる「基礎力」が身につく!

◎スモールステップで構成され, 1冊の中でも繰り返し練習していくので,
確実に「基礎力」を身につけることができます。「基礎」が身につくことで,
発展的な内容に進むことができるのです。

◎教科書に沿っているので, 授業の進度に合わせて使うこともできます。

## ✓ 勉強管理アプリの活用で, 楽しく勉強できる!

◎設定した勉強時間にアラームが鳴るので, 学習習慣がしっかりと身につきます。

◎時間や点数などを登録していくと, 成績がグラフ化されたり,
賞状をもらえたりするので, 達成感を得られます。

◎勉強をがんばると, キャラクターとコミュニケーションを
取ることができるので, 日々のモチベーションが上がります。

# ❶ 1日1枚, 集中して解きましょう。

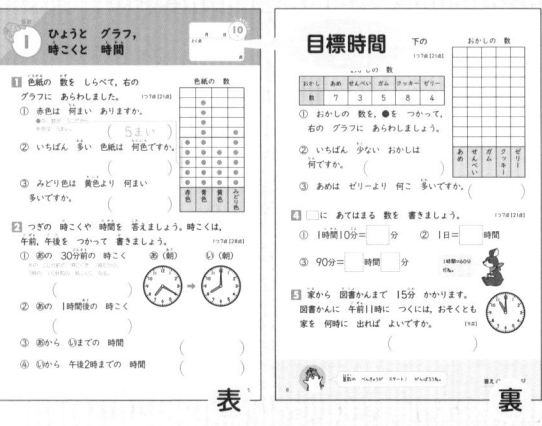

表

裏

◎ **1冊で, 主要教科の勉強ができます。**
算数, 国語, 生活の順に並んでいます。もくじから, 勉強したい教科・内容を選んで進めましょう。

◎ **1回分は, 1枚（表と裏）です。**
1枚ずつはがして使うこともできます。

◎ **目標時間を意識して解きましょう。**
アプリのストップウォッチなどで, かかった時間を計るとよいでしょう。

# ❷ おうちの方に, 答え合わせをしてもらいましょう。

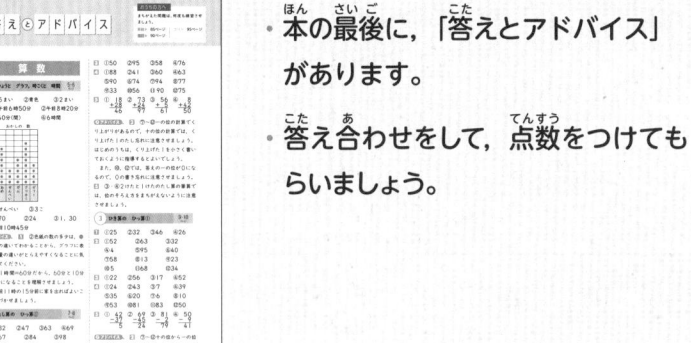

・本の最後に,「答えとアドバイス」
があります。

・答え合わせをして, 点数をつけてもらいましょう。

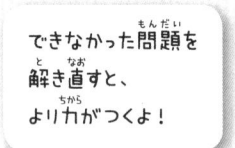

できなかった問題を
解き直すと,
より力がつくよ！

# ❸ 「できたよシート」に,
「できたよシール」をはりましょう。

・勉強した回の番号に, 好きなシールをはりましょう。

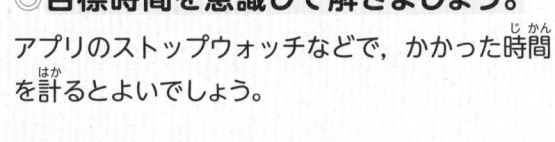

# ❹ アプリに得点を登録しましょう。

・アプリに得点を登録すると, 成績がグラフ化されます。
・勉強すると, キャラクターが育ちます。

# 毎日のドリル 勉強管理アプリ ♪♪

「毎日のドリル」シリーズ専用、スマートフォン・タブレットで使える無料アプリです。1つのアプリで、シリーズすべてを管理でき、学習習慣が楽しく身につきます。

## 1 「毎日のドリル」の学習を徹底サポート！

毎日の勉強タイムをお知らせする「タイマー」

かかった時間を計る「ストップウォッチ」

勉強した日を記録する「カレンダー」

入力した得点を「グラフ化」

目標：10分00秒

これは やる気が でちゃうでぃ！

## 2 キャラクターと楽しく学べる！

好きなキャラクターを選ぶことができます。勉強をがんばるとキャラクターが育ち、「ひみつ」や「ワザ」が増えます。

べんきょう がんばっつきゅ～

## 3 1冊終わると、ごほうびがもらえる！

ドリルが1冊終わるごとに、賞状やメダル、称号がもらえます。

## 4 漢字と英単語のゲームにチャレンジ！

ゲームで、どこでも手軽に、楽しく勉強できます。漢字は学年別、英単語はレベル別に構成されており、ドリルで勉強した内容の確認にもなります。

自己ベストこう新を目指そう！

漢字のよみがなを当てよう

単語のいみを当てよう

アプリの無料ダウンロードはこちらから！

https://gakken-ep.jp/extra/maidori/

【推奨環境】
■各種Android端末：対応OS Android6.0以上
■各種iOS（iPadOS）端末：対応OS iOS10以上
※対応OSであっても、Intel CPU（x86 Atom）搭載の端末では正しく動作しない場合があります。
※対応OSやお対応機種についても、各ストアでご確認ください。
※お客様のネット課金でおよび携帯端末によりアプリをご利用できない場合があります。ご理解、ご了承をお願いいたします。また、事前の予告なく、サービスの提供を中止する場合があります。ご理解、ご了承をお願いいたします。

# 1 ひょうと グラフ，時こくと 時間

月　　日
とく点

10分

点

---

**1** 色紙の 数を しらべて，右の グラフに あらわしました。　1つ7点【21点】

① 赤色は 何まい ありますか。

●の 数が 5こだから，
赤色は 5まい。

（　5まい　）

② いちばん 多い 色紙は 何色ですか。

（　　　　　　　）

③ みどり色は 黄色より 何まい 多いですか。

（　　　　　　　）

**色紙の 数**

| 赤色 | 青色 | 黄色 | みどり色 |
|---|---|---|---|
|  | ● |  |  |
|  | ● |  |  |
|  | ● |  |  |
|  | ● |  | ● |
| ● | ● |  | ● |
| ● | ● | ● | ● |
| ● | ● | ● | ● |
| ● | ● | ● | ● |
| ● | ● | ● | ● |

**2** つぎの 時こくや 時間を 答えましょう。時こくは，午前，午後を つかって 書きましょう。　1つ7点【28点】

① ⑤の 30分前の 時こく

⑤の 20分前の 時こくが 7時だから，
7時の 10分前の 時こくに なる。

（　　　　　　　　　）

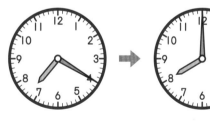

⑤（朝）　　　　　い（朝）

② ⑤の 1時間後の 時こく

（　　　　　　　　　）

③ ⑤から いまでの 時間

（　　　　　　　）

④ いから 午後2時までの 時間

（　　　　　　　）

**3** おかしの 数を しらべて，下の
ひょうに 書きました。　　　1つ7点【21点】

おかしの 数

| おかし | あめ | せんべい | ガム | クッキー | ゼリー |
|---|---|---|---|---|---|
| 数 | 7 | 3 | 5 | 8 | 4 |

① おかしの 数を，●を つかって，
　右の グラフに あらわしましょう。

② いちばん 少ない おかしは
　何ですか。　　　（　　　　　　）

③ あめは ゼリーより 何こ 多いですか。（　　　　　　）

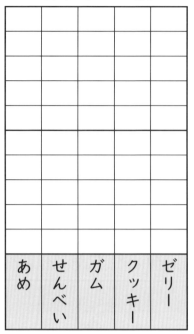

おかしの 数

| | | | | |
|---|---|---|---|---|
| | | | | |
| | | | | |
| | | | | |
| | | | | |
| | | | | |
| | | | | |
| | | | | |
| | | | | |
| あめ | せんべい | ガム | クッキー | ゼリー |

**4** ☐に あてはまる 数を 書きましょう。　　1つ7点【21点】

① 1時間10分＝☐分　　② 1日＝☐時間

③ 90分＝☐時間☐分

1時間＝60分
だね。

**5** 家から 図書かんまで 15分 かかります。
図書かんに 午前11時に つくには，おそくとも
家を 何時に 出れば よいですか。　　　【9点】

（　　　　　　）

算数の べんきょうが スタート！ がんばろうね。

答え ▶ 85ページ

# 2 たし算の ひっ算①

## 1 計算を しましょう。

1つ2点【8点】

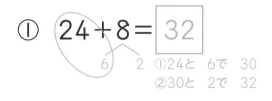

① $24+8=\boxed{32}$

6　2　①24と 6で 30
　　　②30と 2で 32

② $32+15=\boxed{47}$

30　2　10　5
30+10=40　2+5=7

③ $57+6=\boxed{\phantom{00}}$

④ $26+43=\boxed{\phantom{00}}$

## 2 計算を しましょう。

1つ2点【24点】

①
```
    4 3
 +  2 4
 ─────
    6 7
```
一のくらい
3+4=7
十のくらい
4+2=6

十のくらい↗　↖一のくらい

②
```
    1 2
 +  7 2
 ─────
```

③
```
    6 5
 +  3 3
 ─────
```

④
```
    2 9
 +  5 0
 ─────
```

⑤
```
    5 1
 +    3
 ─────
```

⑥
```
      4
 +  6 2
 ─────
```

⑦
```
1←くり上げた 1
    2 6
 +  3 8
 ─────
    6 4
```
一のくらい
6+8=14
十のくらい
1+2+3=6
くり上げた
1を たす。

⑧
```
    4 7
 +  1 5
 ─────
```

⑨
```
    3 4
 +  5 9
 ─────
```

⑩
```
    5 8
 +  2 2
 ─────
```

⑪
```
    6 9
 +    3
 ─────
```

⑫
```
      6
 +  7 4
 ─────
```

**3** 計算を しましょう。 1つ3点【12点】

① 47+3

② 86+9

③ 38+20

④ 62+14

**4** 計算を しましょう。 1つ3点【36点】

①
$$\begin{array}{r} 5\;2 \\ +\;3\;6 \\ \hline \end{array}$$

②
$$\begin{array}{r} 1\;4 \\ +\;2\;7 \\ \hline \end{array}$$

③
$$\begin{array}{r} 3\;5 \\ +\;2\;5 \\ \hline \end{array}$$

④
$$\begin{array}{r} 2\;0 \\ +\;4\;3 \\ \hline \end{array}$$

⑤
$$\begin{array}{r} 2\;8 \\ +\;6\;2 \\ \hline \end{array}$$

⑥
$$\begin{array}{r} 4\;1 \\ +\;3\;3 \\ \hline \end{array}$$

⑦
$$\begin{array}{r} 3\;7 \\ +\;5\;7 \\ \hline \end{array}$$

⑧
$$\begin{array}{r} 5\;8 \\ +\;1\;9 \\ \hline \end{array}$$

⑨
$$\begin{array}{r} 2\;5 \\ +\;\;\;8 \\ \hline \end{array}$$

⑩
$$\begin{array}{r} 4 \\ +\;5\;2 \\ \hline \end{array}$$

⑪
$$\begin{array}{r} 8\;3 \\ +\;\;\;7 \\ \hline \end{array}$$

⑫
$$\begin{array}{r} 6 \\ +\;6\;9 \\ \hline \end{array}$$

**5** ひっ算で しましょう。 1つ5点【20点】

① 18+28　② 73+24　③ 56+5　④ 8+42

くり上がりに 気を つけて, 計算しよう。

答え ▶ 85ページ

# 3 ひき算の ひっ算①

月　　日　　　10
とく点　　　　　　　　分

　　　　　　　　　　　　点

## 1 計算を しましょう。

1つ2点【8点】

① $32 - 7 = \boxed{25}$

30　2　　①30から 7を ひいて 23
　　　　②23と 2で 25

② $46 - 14 = \boxed{32}$

40　6　10　4
40-10=30　6-4=2

③ $54 - 8 = \boxed{\phantom{00}}$

④ $79 - 53 = \boxed{\phantom{00}}$

## 2 計算を しましょう。

1つ2点【24点】

①
```
    6 7    一のくらい
  - 1 5    7-5=2
          十のくらい
    5 2    6-1=5
```
十のくらい↗　↖一のくらい

②
```
    8 4
  - 2 1
```

③
```
    7 2
  - 4 0
```

④
```
    5 6
  - 5 2
```

⑤
```
    9 8
  -   3
```

⑥
```
    4 6
  -   6
```

⑦
```
    8
    9 2    一のくらい
  - 3 4    十のくらいから
          1 くり下げて
    5 8    12-4=8
          十のくらい
          1 くり下げたので
          8-3=5
```

⑧
```
    3 1
  - 1 8
```

⑨
```
    6 0
  - 3 7
```

⑩
```
    5 4
  - 4 9
```

⑪
```
    7 3
  -   5
```

⑫
```
    4 0
  -   6
```

**3** 計算を しましょう。　　　　　　　　　　　1つ3点【12点】

① 30−8　　　　　　② 61−5

③ 57−40　　　　　④ 86−34

**4** 計算を しましょう。　　　　　　　　　　　1つ3点【36点】

①
```
  3 8
− 1 4
```
②
```
  7 2
− 2 9
```
③
```
  5 0
− 4 3
```
④
```
  6 9
− 3 0
```

⑤
```
  9 3
− 5 8
```
⑥
```
  4 7
− 2 7
```
⑦
```
  8 1
− 7 5
```
⑧
```
  7 0
− 6 0
```

⑨
```
  6 2
−   9
```
⑩
```
  8 5
−   4
```
⑪
```
  9 0
−   7
```
⑫
```
  5 3
−   3
```

**5** ひっ算で しましょう。　　　　　　　　　　1つ5点【20点】

① 42−37　　② 69−45　　③ 81−2　　④ 50−9

くり下がりに 気を つけて，計算しようね。

答え ▶ 85ページ

# 4 たし算と ひき算の 文しょうだい①

**1** 本だなに，絵本が 23さつ，
図かんが 14さつ あります。
本は，ぜんぶで 何さつ ありますか。

しき5点，答え5点【10点】

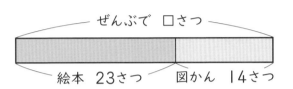

ぜんぶで □さつ
絵本 23さつ　図かん 14さつ

絵本の数　図かんの数　ぜんぶの数
(しき) $23 + 14 = $ □

答え □ さつ

**2** 公園に，子どもが 28人 います。6人 帰ると，
のこりは 何人に なりますか。

しき8点，答え7点【15点】

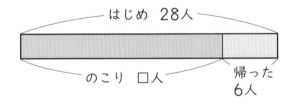

はじめ 28人
のこり □人　帰った 6人

(しき) □ − □ = □

答え □ 人

**3** ドーナツは 74円，ガムは 57円です。
ドーナツは ガムより 何円 高いですか。

しき8点，答え7点【15点】

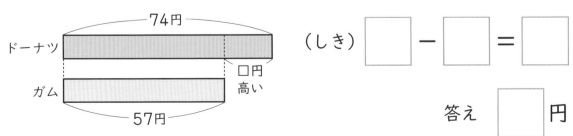

74円
ドーナツ
□円 高い
ガム
57円

(しき) □ − □ = □

答え □ 円

**4** まりさんは，おはじきを　44こ　もって　います。
妹から　16こ　もらうと，ぜんぶで　何こに　なりますか。

しき8点，答え7点【15点】

（しき）



答え _____

**5** 赤い　花が　35本　あります。青い　花は，赤い　花より
8本　多いそうです。青い　花は　何本　ありますか。

しき8点，答え7点【15点】

（しき）



答え _____

**6** はとが　31わ　います。そのうち，おすは　19わです。
めすは　何わ　いますか。

しき8点，答え7点【15点】

（しき）



答え _____

**7** 馬が　62頭　います。牛は　馬より　25頭　少ないそうです。
牛は　何頭　いますか。

しき8点，答え7点【15点】

（しき）



答え _____

しきを　書いて，答えも　もとめられたね！

答え ▶ 86ページ

## 5 100を こえる 数①

**1** 色紙の　数を　数字で　書きましょう。　1つ4点【8点】

①

100が　2こ　　10が　1こ　　1が　4こ

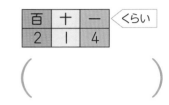

|百|十|一|くらい|
|---|---|---|---|
|2|1|4||

（　　　　　　　）

②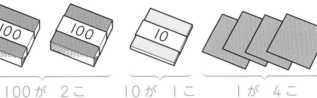

（　　　　　　　）

**2** つぎの　数を　数字で　書きましょう。　1つ4点【32点】

① 六百五十九　　　　　　　　　　② 百八十

|百|十|一|くらい|
|---|---|---|---|
|6|5|9||

（　　　　　　）　　　　　　　（　　　　　　）

③ 四百七　　　　　　　　　　　④ 五百

（　　　　　　）　　　　　　　（　　　　　　）

⑤ 100を　9こ，10を　2こ，1を　7こ　あわせた　数

（　　　　　　）

⑥ 100を　8こ，10を　4こ　あわせた　数

（　　　　　　）

⑦ 10を　39こ　あつめた　数

10が　39こ ＜ 10が　30こ→300  10が　9こ→　90 ＞390

（　　　　　　）

⑧ 10を　72こ　あつめた　数

（　　　　　　）

**3** ［ ］に あてはまる 数を 書きましょう。ぜんぶ できて 1つ5点【25点】

① 100を 5こ，1を 6こ あわせた 数は ［　　　］です。

② 138は，100を ［　］こ，10を ［　］こ，1を

［　］こ あわせた 数です。

③ 470は，400と 70を あわせた 数です。これを

しきに 書くと，470＝［　　　］＋［　　　］と なります。

④ 10を 90こ あつめた 数は ［　　　］です。

⑤ 610は，10を ［　　　］こ あつめた 数です。

> 10が 10こで
> 100に なるね。

**4** ［ ］に あてはまる 数を 書きましょう。 1つ5点【25点】

①

㋐ ［　　　］　㋑ ［　　　］　㋒ ［　　　］

0　100　200　300　400　500　600　700

②

㋐ ［　　　］　㋑ ［　　　］

930　940　950　970　980　990

**5** つぎの 数を 書きましょう。 1つ5点【10点】

① 700より 10 大きい　② 1000より 1 小さい

数 （　　　　　）　　数 （　　　　　）

アプリに とく点を とうろくしよう！

14

答え ▶ 86ページ

# 6 100を こえる 数②

## 1 計算を しましょう。

1つ2点【12点】

① 30+80= | 110 |

（⑩が （3+8）こ）

② 120-50= | 70 |

（←⑩が （12-5）こ）

③ 70+60= | |

④ 90+90= | |

⑤ 150-90= | |

⑥ 140-70= | |

## 2 計算を しましょう。

1つ2点【12点】

① 200+300= | 500 |

（←⑩が （2+3）こ）

② 700-400= | 300 |

（←⑩が （7-4）こ）

③ 100+500= | |

④ 600+400= | |

⑤ 900-500= | |

⑥ 1000-300= | |

## 3 □に あてはまる ＞，＜を 書きましょう。

1つ2点【10点】

① 473 | < | 485

大きい くらいの
数字から じゅんに
くらべる。

4 7 3
4 8 5 ←大きい
同じ↑　↑7<8

② 814 □ 732

③ 506 □ 507

④ 80+40 □ 110

⑤ 160-90 □ 75

15

**4** 計算を しましょう。　　　　　　　　　　　1つ3点【18点】

① 60+60　　　　　　　② 90+40

③ 70+80　　　　　　　④ 130−60

⑤ 110−80　　　　　　⑥ 140−50

**5** 計算を しましょう。　　　　　　　　　　　1つ3点【30点】

① 400+500　　　　　② 300+100

③ 200+800　　　　　④ 500+70

⑤ 700+2　　　　　　⑥ 600−200

⑦ 800−500　　　　　⑧ 1000−600

⑨ 790−90　　　　　　⑩ 305−5

**6** □に あてはまる ＞，＜，＝を 書きましょう。1つ3点【12点】

① 772□727　　　　　② 95□104

③ 130□50+70　　　　④ 600□680−80

**7** □に あてはまる 数字を ぜんぶ 書きましょう。1つ3点【6点】

① 8□5>864　　　　　② 57□<573

（　　　　　　　　　）　（　　　　　　　　　　）

大きい 数でも，もう だいじょうぶだね。

答え ▶ 86ページ

**1** ものさしの　左の　はしから　⑦，⑦，⑦までの　長さは，それぞれ　どれだけですか。

1つ2点【6点】

⑦（　　　　　　）　⑦（　　　　　　）　⑦（　　　　　　）

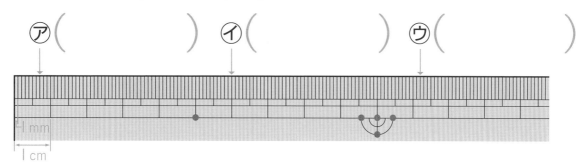

⌐1 mm
|←→|
1 cm

**2** つぎの　水の　かさは　何L何dLですか。

1つ3点【6点】

①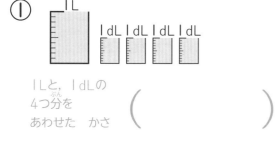

1Lと，1dLの
4つ分を
あわせた　かさ

（　　　　　　）

②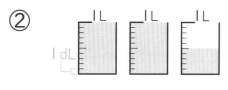

（　　　　　　）

**3** □に　あてはまる　数を　書きましょう。

1つ3点【12点】

①　4cm＝□mm　　1cm＝10mm

②　3m＝□cm　　1m＝100cm

③　9L＝□dL　　1L＝10dL

④　1L＝□mL

**4** □に　あてはまる　＞，＜を　書きましょう。

1つ4点【8点】

①　4cm7mm□50mm

たんいを
そろえて
くらべる。

40mmと　7mmで，47mm

②　1L8dL□17dL

17

**5** ☐に あてはまる 数を 書きましょう。　1つ4点【24点】

① 60mm = ☐ cm

② 3cm2mm = ☐ mm

③ 900cm = ☐ m

④ 8m1cm = ☐ cm

⑤ 4L7dL = ☐ dL

⑥ 5dL = ☐ mL

**6** ☐に あてはまる ＞，＜，＝を 書きましょう。　1つ4点【16点】

① 86mm ☐ 8cm7mm

② 430cm ☐ 4m4cm

③ 50dL ☐ 5L

④ 290mL ☐ 3dL

**7** 計算を しましょう。　1つ4点【28点】

① 7cm+5cm = ☐ cm

② 15cm−9cm = ☐ cm

③ 3cm4mm+6cm = ☐ cm ☐ mm

④ 12m30cm−4m = ☐ m ☐ cm

⑤ 2L+5L2dL = ☐ L ☐ dL

⑥ 1L3dL+7dL = ☐ L

⑦ 8L6dL−5dL = ☐ L ☐ dL

同じ たんいの 数
どうしを 計算しよう。

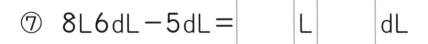

長さや かさの たんいが わかったね。

答え ▶ 87ページ

# 8 たし算の ひっ算②

## 1 計算を しましょう。

1つ3点【27点】

① ←くり上げた
```
    6 3
+   7 2
─────────
  1 3 5
```
一のくらい
3+2=5
十のくらい
6+7=13

②
```
    3 7
+   9 0
─────────
```

③
```
    2 5
+   8 1
─────────
```

④
```
    8 4
+   5 9
─────────
  1 4 3
```

⑤
```
    5 8
+   5 7
─────────
```

⑥
```
    6 6
+   7 4
─────────
```

⑦
```
    7 5
+   2 8
─────────
```

⑧
```
    9 6
+     9
─────────
```

⑨
```
      5
+   9 5
─────────
```

## 2 計算を しましょう。

1つ3点【9点】

① ←くり上げた
```
  2 5 7
+   2 9
─────────
  2 8 6
```
2+0=2　　1+5+2=8　　7+9=16

②
```
    3 6
+ 7 0 4
─────────
```

③
```
  4 4 3
+     8
─────────
```

## 3 くふうして 計算しましょう。

1つ2点【8点】

① 17+6+4=☐
6+4を 先に 計算。

② 8+25+12=☐
8+12を 先に 計算。

③ 18+43+27=☐

④ 29+33+21=☐

**4** 計算を しましょう。 　　　　　　　　　1つ3点【36点】

① 　46
　+91

② 　54
　+78

③ 　87
　+13

④ 　60
　+45

⑤ 　50
　+90

⑥ 　93
　+ 8

⑦ 　 6
　+97

⑧ 　98
　+ 2

⑨ 　561
　+ 34

⑩ 　 58
　+125

⑪ 　627
　+ 33

⑫ 　　 9
　+848

**5** ひっ算で しましょう。 　　　　　　　　　1つ4点【12点】

① 75＋37

② 9＋94

③ 65＋515

**6** くふうして 計算しましょう。 　　　　　　　1つ2点【8点】

① 29＋15＋5

② 17＋26＋24

③ 32＋19＋38

④ 13＋58＋27

ひっ算にも なれて きたね。その ちょうし！

答え ▶ 87ページ

月　日　10分

とく点

点

## 1 計算を しましょう。

1つ2点【22点】

① 
```
    1 5 7
  -   6 4
    ___
    (9 3)
```
一のくらい
7-4=3
十のくらい
15-6=9

② 
```
    1 1 9
  -   4 9
```

くり下がりが
2回 つづく
計算も あるよ。

③ 
```
    1 0 6
  -   8 0
```

④ 
```
    1 4⁵̸
  -   5 8
    ___
    (8 7)
```
(3 written above)

⑤ 
```
    1 3 1
  -   4 2
```

⑥ 
```
    1 2 0
  -   6 9
```

⑦ 
```
    1 7 0
  -   7 5
```

⑧ 
```
    1̸ 0̸ 2
  -   3 7
    ___
    (6 5)
```
(9, 10 written above)

⑨ 
```
    1 0 3
  -   2 6
```

⑩ 
```
    1 0 0
  -   9 1
```

⑪ 
```
    1 0 4
  -     7
```

## 2 計算を しましょう。

1つ2点【6点】

① 
```
    3 7̸ 4
  -   2 9
    ___
    (3 4 5)
```
十のくらい
から 1
くり下げて
14-9=5
3-0=3　6-2=4

② 
```
    1 5 2
  -   4 5
```

③ 
```
    4 2 0
  -     2
```

## 3 計算を しましょう。

1つ4点【60点】

| ① 128<br>− 31 | ② 109<br>− 74 | ③ 102<br>− 56 | ④ 133<br>− 35 |
|---|---|---|---|

| ⑤ 100<br>− 8 | ⑥ 146<br>− 60 | ⑦ 172<br>− 99 | ⑧ 117<br>− 57 |
|---|---|---|---|

| ⑨ 130<br>− 84 | ⑩ 100<br>− 76 | ⑪ 150<br>− 52 | ⑫ 105<br>− 9 |
|---|---|---|---|

| ⑬ 682<br>− 73 | ⑭ 370<br>− 45 | ⑮ 545<br>− 8 |
|---|---|---|

## 4 ひっ算で しましょう。

1つ4点【12点】

① 124−67　　　② 106−29　　　③ 270−9

くり下がりの ある 計算も バッチリだね！

答え ▶ 87ページ

月　日　10分
とく点
点

**1** あきかんひろいで，きのう 47こ，今日 65こ ひろいました。ぜんぶで 何こ ひろいましたか。

しき5点，答え5点【10点】

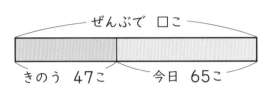

ぜんぶで □こ
きのう 47こ　　今日 65こ

きのう ひろった 数　今日 ひろった 数　ぜんぶの 数

（しき） 47 ＋ 65 ＝ □

答え □ こ

**2** テープが 120cm あります。78cm 切りとって つかうと，のこりは 何cmですか。

しき8点，答え7点【15点】

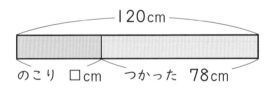

120cm
のこり □cm　つかった 78cm

（しき） □ － □ ＝ □

答え □ cm

**3** がくさんは 135円 もって います。お母さんから 56円 もらうと，ぜんぶで 何円に なりますか。

しき8点，答え7点【15点】

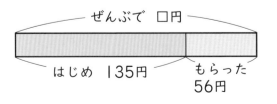

ぜんぶで □円
はじめ 135円　もらった 56円

（しき） □ ＋ □ ＝ □

答え □ 円

**4** 1組の 本だなには，本が 97さつ あります。新しく 6さつ ふやすと，ぜんぶで 何さつに なりますか。

しき8点，答え7点【15点】

（しき）

答え _____

**5** 84円の ノートと 49円の えんぴつを 買いました。だい金は いくらですか。

しき8点，答え7点【15点】

（しき）

答え _____

**6** ひまわりの たねを，はやとさんは 83こ，お兄さんは 102こ もって います。どちらが 何こ 多いですか。

しき8点，答え7点【15点】

（しき）

答え _____

**7** ぜんぶで 256ページの 本が あります。49ページまで 読むと，のこりは 何ページですか。

しき8点，答え7点【15点】

（しき）

答え _____

もんだいを よく 読んで，しきを 書こうね。

答え ▶ 87ページ

月　日

とく点

点

**1** □に　あてはまる　数を　書きましょう。　　　□1つ1点【6点】

① 右の　みかんの　数は，1さらに

2こずつ □ さら分で，□ こです。この　ことを，

かけ算の　しきで，□ × □ = □ と　書きます。

1つ分の　数　いくつ分　ぜんぶの　数

② 2この　3つ分を，2この □ ばいと　いいます。

**2** □に　あてはまる　数を　書きましょう。　　　□1つ2点【32点】

① 5のだんの　九九

5×1 = ㋐ 5 ┐㋑ 5 ┐㋓ 5 ずつ
5×2 = ㋑ 10
5×3 = ㋒ 15 ふえる。
⋮

② 2のだんの　九九

2×1 = ㋐ □ ┐㋑ □ ずつ
2×2 = ㋑ □
2×3 = ㋒ □ ふえる。
⋮

③ 3のだんの　九九

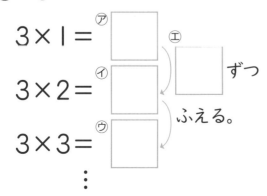

3×1 = ㋐ □ ┐㋑ □ ずつ
3×2 = ㋑ □
3×3 = ㋒ □ ふえる。
⋮

④ 4のだんの　九九

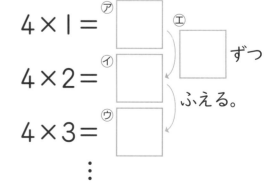

4×1 = ㋐ □ ┐㋑ □ ずつ
4×2 = ㋑ □
4×3 = ㋒ □ ふえる。
⋮

**3** かけ算は たし算の しきに，たし算は かけ算の しきに
なおしましょう。

1つ2点【8点】

① 6×3 　　　　　　　　② 8×4
( 　　6+6+6　　 ) 　　( 　　　　　　　　 )

③ 3+3 　　　　　　　　④ 7+7+7+7+7
( 　　　　　　　 ) 　　( 　　　　　　　　 )

**4** 計算を しましょう。

1つ2点【54点】

① 5×4 　　　② 5×8 　　　③ 5×6

④ 5×9 　　　⑤ 5×5 　　　⑥ 2×4

⑦ 2×7 　　　⑧ 2×9 　　　⑨ 2×6

⑩ 2×8 　　　⑪ 3×7 　　　⑫ 3×4

⑬ 3×9 　　　⑭ 3×5 　　　⑮ 3×8

⑯ 4×8 　　　⑰ 4×6 　　　⑱ 4×5

⑲ 4×7 　　　⑳ 4×4 　　　㉑ 5×1

㉒ 3×3 　　　㉓ 2×5 　　　㉔ 4×2

㉕ 5×7 　　　㉖ 3×6 　　　㉗ 4×9

かけ算の しきの いみは わかったね。

答え ▶ 88ページ

月　日　10分

とく点

点

**1** □に　あてはまる　数を　書きましょう。　　□1つ1点【18点】

① 6のだんの　九九

$6×1=$ ㋐ 6　㋘ 6 ずつ

$6×2=$ ㋑ 12 ふえる。

$6×3=$ ㋒ 18

⋮

② 7のだんの　九九

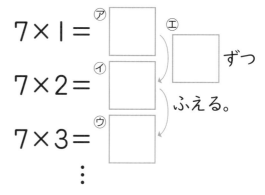

$7×1=$ ㋐ 　　㋘ ずつ

$7×2=$ ㋑ ふえる。

$7×3=$ ㋒

⋮

③ 8のだんの　九九

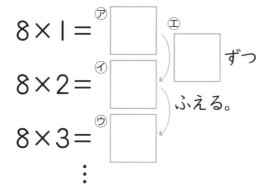

$8×1=$ ㋐ 　　㋘ ずつ

$8×2=$ ㋑ ふえる。

$8×3=$ ㋒

⋮

④ 9のだんの　九九

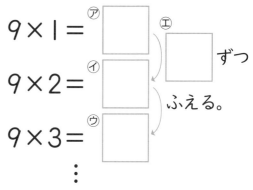

$9×1=$ ㋐ 　　㋘ ずつ

$9×2=$ ㋑ ふえる。

$9×3=$ ㋒

⋮

⑤ 1のだんの　九九は，かける数が　1　ふえると，答えは

$1×1=1$, $1×2=$ ㋐ □, …と ㋑ □ ずつ　ふえる。

**2** □に　あてはまる　数を　書きましょう。　　1つ3点【6点】

① $7×6$と　$6×$ □ の　答えは　同じ。

② $9×8$の　答えは　$9×7$の　答えより □ 大きい。

**3** 計算を　しましょう。　　　　　　　　　1つ2点【60点】

① 6×7　　　　② 6×9　　　　③ 6×5

④ 7×9　　　　⑤ 7×6　　　　⑥ 7×8

⑦ 8×5　　　　⑧ 8×8　　　　⑨ 8×6

⑩ 9×6　　　　⑪ 9×8　　　　⑫ 9×7

⑬ 1×8　　　　⑭ 1×4　　　　⑮ 1×5

⑯ 6×8　　　　⑰ 1×7　　　　⑱ 9×9

⑲ 7×4　　　　⑳ 8×3　　　　㉑ 7×7

㉒ 8×9　　　　㉓ 6×4　　　　㉔ 8×7

㉕ 9×5　　　　㉖ 6×6　　　　㉗ 7×5

㉘ 8×4　　　　㉙ 7×3　　　　㉚ 9×4

**4** □に　あてはまる　数を　書きましょう。　　1つ4点【16点】

① 4×8＝□×4　　　　② 6×3＝3×□

③ 7×5＝7×4＋□　　　④ 8×6＝8×5＋□

 九九の　れんしゅうが　しっかり　できたね。

答え ▶ 88ページ

# 13 かけ算の　もんだい

**1** 下の　ひょうは，九九の　ひょうの　いちぶです。
ア〜コに　答えを　入れましょう。　　　1つ2点【20点】

| | | 1 | 2 | 3 | 4 | 5 | 6 | 7 | 8 | 9 |
|---|---|---|---|---|---|---|---|---|---|---|
| | | | 3×2 | | | かける数 | | | | |
| かけられる数 | 3 | 3 | ㋐ 6 | 9 | 12 | 15 | ㋑ | 21 | 24 | ㋒ |
| | 4 | ㋓ | 8 | 12 | ㋔ | 20 | 24 | ㋕ | ㋖ | 36 |
| | 5 | 5 | 10 | ㋗ | 20 | ㋘ | 30 | 35 | ㋙ | 45 |

**2** 6のだんの　九九を
こえた　計算を　します。
　右の　㋐〜㋓の　しきで，
□に　あてはまる　数を
書きましょう。　1つ5点【20点】

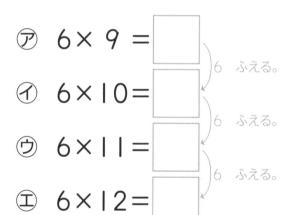

㋐　$6 \times 9 =$ ☐

㋑　$6 \times 10 =$ ☐

㋒　$6 \times 11 =$ ☐

㋓　$6 \times 12 =$ ☐

6　ふえる。

**3** おはじきを，1人に　7こずつ，4人に　くばります。
おはじきは　ぜんぶで　何こ　いりますか。　しき5点，答え5点【10点】

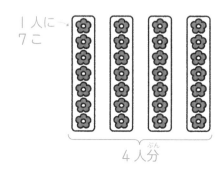

1人に
7こ

4人分

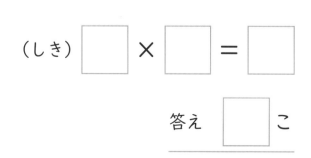

（しき）　☐ × ☐ = ☐

答え　☐ こ

**4** 答えが 24に なる 九九を ぜんぶ 書きましょう。【10点】

( )

**5** 1こ 8円の あめを 6こ 買うと, だい金は
いくらですか。

しき5点, 答え5点【10点】

（しき）

答え _____

**6** 4つの 水そうに, 金魚が 3びきずつ 入って います。
金魚は ぜんぶで 何びき いますか。

しき5点, 答え5点【10点】

（しき）

答え _____

**7** 6cmの 5ばいの 長さは 何cmですか。

しき5点, 答え5点【10点】

（しき）

答え _____

**8** 右の ●の 数を, 図のように ●を
うごかす 考え方で もとめましょう。

しき5点, 答え5点【10点】

（しき）

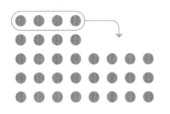

同じ 数の
まとまりで
考えよう。

答え _____

今日も しっかり べんきょうが できたね。

答え ▶ 88ページ

# 14 1000を　こえる　数

**1** つぎの　数を　数字で　書きましょう。　　　1つ4点【8点】

①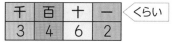

| 千 | 百 | 十 | 一 |くらい|
|---|---|---|---|---|
| 3 | 4 | 6 | 2 |

1000が　3こ　　100が　4こ　　10が　6こ　　1が　2こ

（　　　　　　　）

②

（　　　　　　　）

**2** つぎの　数を　数字で　書きましょう。　　　1つ4点【32点】

① 二千八百五十七　　　　　　　　② 九千百

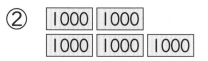

| 千 | 百 | 十 | 一 |くらい|
|---|---|---|---|---|
| 2 | 8 | 5 | 7 |

（　　　　　　　）　　　（　　　　　　　）

③ 七千三　　　　　　　　　　　④ 六千

（　　　　　　　）　　　（　　　　　　　）

⑤ 1000を　2こ，100を　6こ，10を　3こ，1を　4こ
あわせた　数

（　　　　　　　）

⑥ 1000を　8こ，10を　7こ　あわせた　数

（　　　　　　　）

⑦ 100を　52こ　あつめた　数

100が　52こ < 100が　50こ→5000 > 5200
　　　　　　　100が　2こ→　200

（　　　　　　　）

⑧ 100を　39こ　あつめた　数

（　　　　　　　）

**3** □に あてはまる 数を 書きましょう。ぜんぶ できて 1つ5点【20点】

① 1043は, 1000を □ こ, 10を □ こ, 1を

□ こ あわせた 数です。

② 2805は, 2000と 800と 5を あわせた 数です。
これを しきに 書くと,

2805= □ + □ + □ と なります。

③ 100を 60こ あつめた 数は □ です。

④ 9100は, 100を □ こ あつめた 数です。

**4** □に あてはまる 数を 書きましょう。 1つ4点【20点】

① ㋐ □　　㋑ □　　㋒ □

　0　1000　2000　3000　4000　5000　6000　7000

② ㋐ □　　　　　　　　㋑ □

　9930　9940　　9960　9970　9980　9990

**5** □に あてはまる ＞, ＜を 書きましょう。 1つ5点【20点】

① 2816 □ 2823　　② 5048 □ 5045

③ 7410 □ 6920　　④ 1200 □ 500＋800

大きい 数の しくみが よく わかったね。

答え ▶ 88ページ

**1** 教室に 何人か いました。8人 帰ったら, のこりが 15人に なりました。 教室には, はじめに 何人 いましたか。

しき5点, 答え5点【10点】

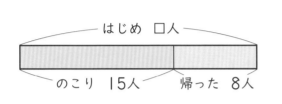

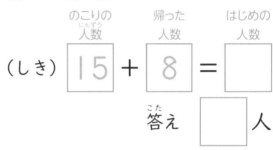

**2** おり紙を 50まい もって いました。友だちに 何まいか あげたので, のこりが 36まいに なりました。 おり紙を 何まい あげましたか。

しき8点, 答え7点【15点】

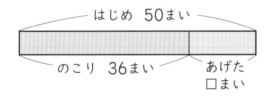

（しき）□ － □ ＝ □

答え □ まい

**3** かきが 24こ あります。かきは なしより 6こ 多いそうです。 なしは 何こ ありますか。

しき8点, 答え7点【15点】

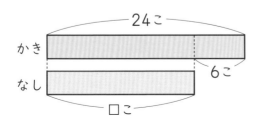

（しき）□ － □ ＝ □

答え □ こ

**4** えんぴつを 何本か もって いました。7本
もらったので，ぜんぶで 22本に なりました。
　はじめに 何本 もって いましたか。　　　しき8点，答え7点【15点】
（しき）

答え _____

**5** バスに 19人 のって いました。とちゅうで 何人か
のって きたので，ぜんぶで 31人に なりました。
　とちゅうで 何人 のって きましたか。　　　しき8点，答え7点【15点】
（しき）

答え _____

**6** ノートの ねだんは 80円です。ノートは けしゴムより
23円 高いそうです。けしゴムの ねだんは 何円ですか。
　　　　　　　　　　　　　　　　　　　　　　　しき8点，答え7点【15点】
（しき）

答え _____

**7** 絵本は 32ページ あります。絵本は 図かんより
8ページ 少ないそうです。図かんは 何ページ ありますか。
　　　　　　　　　　　　　　　　　　　　　　　しき8点，答え7点【15点】
（しき）

答え _____

文しょうだいは，図を かいて 考えると いいよ。

答え ▶ 89ページ

**16** **三角形と　四角形**

とく点

点

**1** 下の　図から，三角形と　四角形を　それぞれ　ぜんぶ
見つけて，記ごうで　答えましょう。

1つ7点【14点】

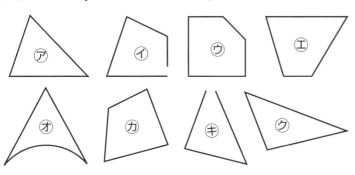

三角形…3つの　直線で
かこまれた　形。
四角形…4つの　直線で
かこまれた　形。

三角形（　　　　　　　　）

四角形（　　　　　　　　）

**2** ①，②の　形で，⑦，①の　へんの　長さは　何cmですか。

1つ8点【16点】

① 長方形

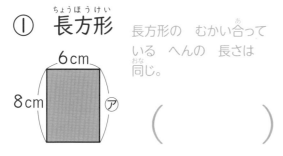

長方形の　むかい合って
いる　へんの　長さは
同じ。

（　　　　　　　）

② 正方形

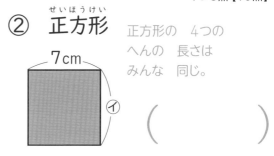

正方形の　4つの
へんの　長さは
みんな　同じ。

（　　　　　　　）

**3** 下の　図から，直角三角形を　2つ　えらんで，記ごうで
答えましょう。

1つ8点【16点】

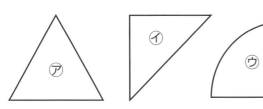

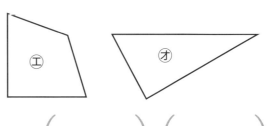

直角三角形…直角の　角が　ある　三角形。

（　　　　　）（　　　　　）

**4** つぎの　三角形や　四角形の　名前を　書きましょう。

1つ8点【24点】

⑦（　　　　　　　　）

⑦（　　　　　　　　）

⑰（　　　　　　　　）

**5** 下の　方がんに，つぎの　形を　かきましょう。　1つ10点【30点】

① たて　2cm，よこ　6cmの　長方形

② 1つの　へんの　長さが　5cmの　正方形

③ 直角に　なる　へんの　長さが　3cmと

9cmの　直角三角形

方がんの　1ます分が　1cmだね。

三角形や　四角形の　ことは　よく　わかったね。

答え ▶ 89ページ

月　日　10分

とく点

点

**1** 右のような はこの 形に ついて 答えましょう。　1つ6点【24点】

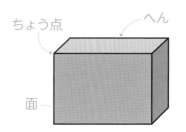

ちょう点　へん　面

① 面，へん，ちょう点の 数を それぞれ 書きましょう。

面（　　　　）　へん（　　　　　　）　ちょう点（　　　　　）

② 同じ 形の 面は，いくつずつ 何組 ありますか。

（　　　　つずつ，　　　組）

**2** ひごと ねん土玉で，右のような はこの 形を 作ろうと 思います。　1つ6点【18点】

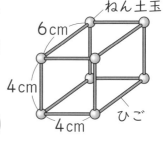

ねん土玉　6cm　4cm　4cm　ひご

① ねん土玉は 何こ いりますか。

（　　　　　　　　）

② 4cmと 6cmの ひごは，それぞれ 何本 いりますか。

4cm（　　　　　　）　6cm（　　　　　　）

**3** 色の ついた ところは，もとの 大きさの 何分の一ですか。分数で 答えましょう。　1つ6点【12点】

①

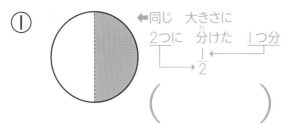

←同じ 大きさに 2つに 分けた 1つ分
→ $\frac{1}{2}$

（　　　　　）

②

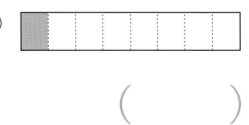

（　　　　　）

**4** 右の はこの 形には, つぎの 面や
へんは いくつ ありますか。

1つ6点【12点】

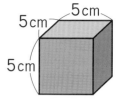

① 正方形の 面

（　　　　　）

② 長さが 5cmの へん

（　　　　　）

**5** はこの 形を 作ります。
右の 図に, たりない
面を かきたしましょう。

【10点】

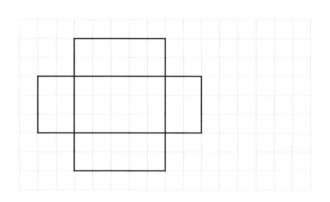

**6** 9こと 15この ● が あります。つぎの もんだいに
答えましょう。

1つ8点【24点】

① 9この $\frac{1}{3}$は 何こですか。

（　　　　　）

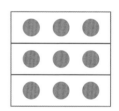

② ①で, もとの ● の 数は, $\frac{1}{3}$の 大きさの ときの
● の 数の 何ばいですか。

（　　　　　）

③ 15この $\frac{1}{3}$は 何こですか。

（　　　　　）

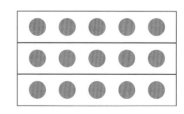

算数は これで おしまい。よく がんばったね。

答え ▶ 89ページ

# 一 なかまの かん字

1 つぎの なかまの ことばを、 から えらんで、かん字で 書きましょう。

一つ2点【24点】

(1) 生きもの……□・□・□・□

(2) きょうだい…□・□・□・□

(3) 体の 部分…□・□・□・□

| あね | とり | くび | うま |
|---|---|---|---|
| こみ | あに | おとうと | あたま |
| うし | かお | さかな | いもうと |

2 つぎの □に、一日の 時を あらわす、なかまの かん字を 書きましょう。

一つ3点【21点】

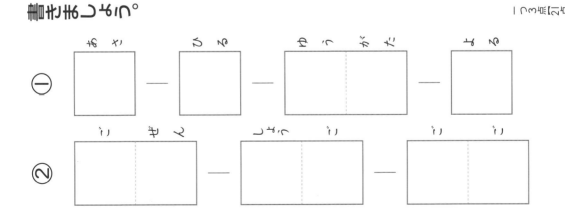

(1) □（あさ）—□（ひる）—□□（ゆうがた）—□（よる）

(2) □□（ごぜん）—□□（しょうご）—□□（ごご）

はばを、つくって、書けたかな？

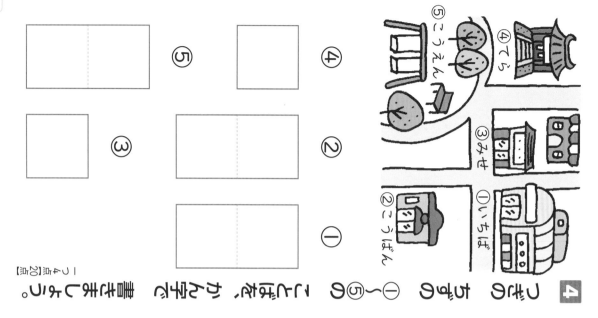

**4** ちずの 中の ①〜⑤の ことばを、かん字で 書きましょう。 【1つ4点/20点】

①いちば

②こうばん

③みせ

④てら

⑤こうえん

⑤

④

③

②

①

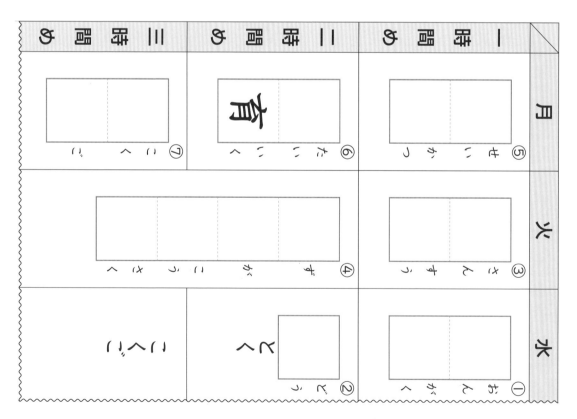

**3** つぎの 時間わりの □には、教科の 名前が 入ります。それぞれ かん字で 書きましょう。 【1つ5点/35点】

| | 月 | 火 | 水 |
|---|---|---|---|
| 一時間め | ⑤ せいかつ | ③ さんすう | ① おんがく |
| 二時間め | ⑥ たいいく | ④ ずがこうさく | ② どとく(ずとく) |
| 三時間め | ⑦ こくご | | こくご |

40

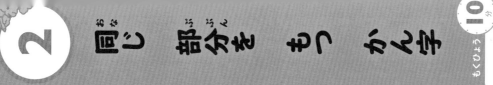

国語

# ② 同じ 部分を もつ かん字

**1** つぎの かん字の 同じ 部分を 書きましょう。 〔1つ3てん〔15てん〕〕

① 記・読・話 〔　　〕

② 数・教 〔　　〕

③ 親・新 〔　　〕

④ 広・店 〔　　〕

⑤ 間・聞 〔　　〕

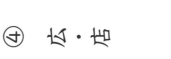

同じ 部分の ある
ところは いろいろだね。

**2** ①〜⑥が 正しい かん字に なるように、 から 同じ 部分を えらんで 書き入れましょう。(少し 形を かえる ものも あります。)

〔両方できて 1つ5てん〔30てん〕〕

① 会・旦

② 易・也

③ 翟・月

④ 豆・彦

⑤ 至・家

⑥ 里・占

日　　土　　貝　　宀　　糸　　氵

41

こたえ ● 90ページ

あったら、見直し しましょうね！

**４** 同じ部分に 気をつけて、□に かん字を 書きましょう。　【1つ5点/40点】

① お□が 歌って、□が おどる。

② □に すくなく なって、□を 引く。

③ 計□を して、□えを 出す。

④ え□に、□い 道を とおる。

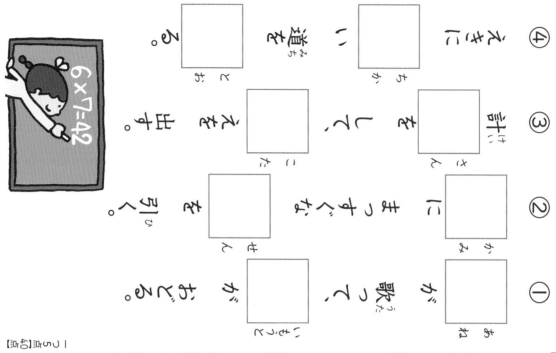

6×7=42

**３** ①〜⑤の □□には、同じ 部分が 入ります。それを 下から えらんで、——線で つなぎましょう。　【1つ3点/15点】

① 毎・気　・　　・ア　弟

② 矢・丁　・　　・イ　口

③ 駅・云　・　　・ウ　亻

④ 袁・ロ　・　　・エ　彳

⑤ 木・乍　・　　・オ　宀

みじかく 書けて いる 字もあります。どこかで、じぶんで 書けると いいね。

# 3 組み合わせて できて いる かん字

**1** つぎの かん字に ——線を 引いて、二つの かん字に 分けましょう。

1つ3点【24点】

れい ▶ 林 音

① 切　② 思　③ 星　④ 計

⑤ 男　⑥ 細　⑦ 明　⑧ 岩

**2** 下の よみ方の かん字を 作るのに、組み合わせる かん字を から えらんで □に 書きましょう。

1つ4点【16点】

① 糸 ＋ □ ＝ え

② 日 ＋ □ ＝ とき

③ 言 ＋ □ ＝ よ（む）

④ 門 ＋ □ ＝ あいだ

売　寺
会　毎
日　合
月　市

43

答え ● 90ページ

**4** かん字を部分だけ分けて、それぞれ □ の形をかえるものもあります。(1つ4点)【40点】

れい 校 → 木・交

④ 親 → □・□・□

③ 線 → □・□・□

② 聞 → □・□

① 姉 → □・□

「門」と「耳」など、部分と部分を組み合わせているんですね。

**3** つぎの □の中の二つのかん字を組み合わせて、一つのかん字を作りましょう。(形をかえるものもあります。)1つ4点【20点】

① 止 + 少 = □
② 日 + 青 = □
③ 口 + 鳥 = □
④ 矢 + 口 = □
⑤ 王 + 里 = □

# 4 まちがえやすい かん字

**1** おくりがなに 気を つけて ――線の かん字の 読みがなを 書きましょう。

一つ3点【24点】

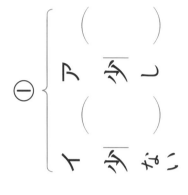

① ア 少し（　　　　）
　 イ 少ない（　　　　）

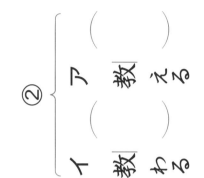

② ア 教える（　　　　）
　 イ 教わる（　　　　）

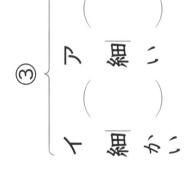

③ ア 細い（　　　　）
　 イ 細かい（　　　　）

④ ア 通る（　　　　）
　 イ 通う（　　　　）

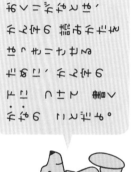

おくりがなと、かん字の読みかたをはっきりさせるために、かん字の下に、つけて書くかなのことだよ。

**2** ――線の ことばを、かん字と おくりがなで 書きましょう。

一つ4点【12点】

① 夜空に 星が ひかる。　　　　（　　　　　　　　　）

② 学校から 家に かえる。　　　　（　　　　　　　　　）

③ くじが あたる。　　　　（　　　　　　　　　）

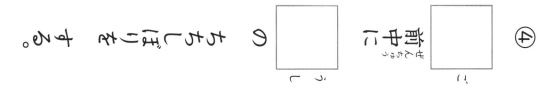

**4** □に　入って　いる　かん字に　気を　つけて、□に　かん字を　書きましょう。

1〜5【40点】

① 気の　□（あ）　人に　う　□（あ）。

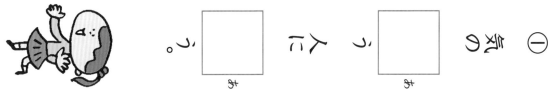

② うごの　□（ち）がわの　□（きん）□（に）く。

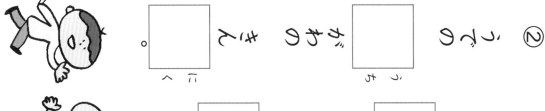

③ 同じ　角に　□（ほう）─　□（まん）の　人が　すすむ。

④ □（い）の　□（し）　前中に　の　ちゅうほうを　する。

---

**3** つぎの　文に　あう　ほうの　かん字を　○で　かこみましょう。

1〜4【24点】

① ｛毛／手｝で　犬の　｛毛／手｝を　なでる。

② ゆうこが　｛木／手｝を　あげる。　｛木／体｝を　休める。

③ 白い　｛紙／絵｝に　花の　｛休／体｝の　｛紙／絵｝を　かく。

46

# 5 かたかなで 書く ことば

**1** □の かたかなの ことばを ①〜④の なかまに 分けて 記号を 書きましょう。 1つ3点【36点】

| | | |
|---|---|---|
| ア スープ | イ ニャー | ウ ガチャン |
| エ ドイツ | オ ズボン | カ ロサンゼルス |
| キ コンコン | ク ヒヒーン | ケ ベンチ |
| コ ワンワン | サ シャベル | シ シンデレラ |

① どうぶつの 鳴き声。……□・□・□

② いろいろな ものの 音。…□・□・□

③ 外国から 来た ことば。…□・□・□

④ 外国の 国や 土地の 名前、人の 名前。……□

外国の 国の 名前や 土地の 名前、わかるかな?

## 2

つぎの 文から、かたかなで 書く ことばを 三つ みつけて、( )に かたかなで 書きましょう。

1もん5てん【40てん】

① わたしは、まいにち、ピアノを ひきます。
( )( )

② えんぴつ、あめりか、きゃらめる、すぷーん、いぎりすは ○ だけですか。
( )( )

③ きょうの ばんごはんは、おかあさんが つくった ハンバーグでした。
( )

④ おとうさんが ぷれぜんとに おもちゃの ぴあのを かってくれました。
( )( )

## 3

つぎの 絵の 中から、かたかなで 書く ことばを 見つけて、文を 二つ 作りましょう。

1もん12てん【24てん】

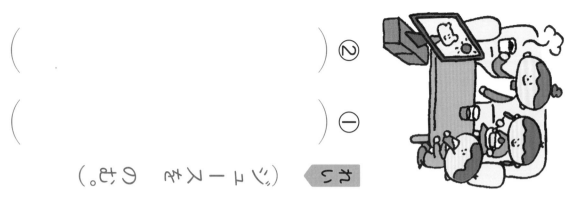

れい（ヒースな ので。）

① ( )

② ( )

もくひょう 10分

月　日　点
とく点　点

**1** ——線の ことばと にた いみの ことばを、 から えらんで 書きましょう。

1つ5点【20点】

① 門を あける。 （　　　　　　　）

② 古新聞を ひもで むすぶ。 （　　　　　　　）

③ ゆかいな 話を する。 （　　　　　　　）

④ 大きな 声で 話す。 （　　　　　　　）

楽しい　ひらく　言う　しばる

**2** つぎの ——線の ことばと、いみが にて いる ほうの ことばに、○を つけましょう。

1つ5点【20点】

① ピアノを ならう。 ｛ ア（　）教える　イ（　）教わる ｝

② ボールを にぎる。 ｛ ア（　）つかむ　イ（　）なげる ｝

③ 絵が うまい。 ｛ ア（　）おいしい　イ（　）上手だ ｝

④ うさぎが はねる。 ｛ ア（　）とぶ　イ（　）はしる ｝

③「うまい」には、ア・イの 両方の いみが あるよ。ここでは、どちらの いみで つかわれて いるかな。

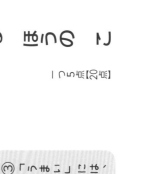

**5** ──線の かん字の よみがたの ひらがなを 書きましょう。

1つ6点【18点】

① ぼうしを ぬぐ。（　　　　）

② セーターを ぬぐ。（　　　　）

③ くつを ぬぐ。（　　　　）

> 「ぬぐ」は、ぼうしや コートを とるときに つかう ことばだね。

**4** はんたいの いみの ことばを かんがえて、かん字を つかって 書きましょう。

1つ6点【24点】

① 上 ⇔ ☐

② ☐ ⇔ 後ろ

③ 右 ⇔ ☐

④ 入る ⇔ ☐る

**3** ──線の かん字の はんたいの いみの ことばを、あとの ──から えらんで、○を つけましょう。

1つ6点【18点】

① 数が 多い。 ⇔ ア（　）少ない　イ（　）小さい

② ひもが 大きい。 ⇔ ア（　）細い　イ（　）せまい

③ 家から 遠い。 ⇔ ア（　）みじかい　イ（　）近い

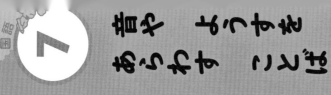

# 7 音や ようすを あらわす ことば

もくひょう 10ぷん

月　日

とく点　点

**1** 上と 下で 合う ものを、──線で つなぎましょう。 一つ3点【12点】

① ねこが ・　　・ア きらきら かがやく。

② 雨が ・　　・イ しとしと ふる。

③ 星が ・　　・ウ ぴゅーぴゅー ふく。

④ 風が ・　　・エ ニャーニャー 鳴く。

「ワンワン」や「ニャーニャー」は 音を あらわす、「きらきら」や「しとしと」は ようすを あらわす ことばだよ。

**2** つぎの（　）に 入る 音や ようすを あらわす ことばを、から えらんで 書きましょう。 一つ6点【18点】

① 赤ちゃんが（　　　　）ねむる。

② 友だちが（　　　　）わらう。

③ ふえが（　　　　）と 鳴る。

　　にっこり　ピー　キャハハ　すやすや

**3** くばの 文や 音や 鳴き声を あらわす ことばには ━━線を、ようすを あらわす ことばには 〜〜線を、右がわに 引きましょう。（1つ だけ、それぞれ 1こずつ あります。） 〔1つ5点/40点〕

① ドアを トントンと たたいて、そっと あけた。

② かえるが げこげこ ぴょんと ロケットと よく とんで 鳴いた。

③ へやから すっと おきて、さっと そうじを する。

④ 犬が ボンと とびはねて、すやすや ねむく なる。

**4** くばの 音や ようすを あらわす ことばを つかって、絵に あう 文を 作りましょう。 〔1つ10点/30点〕

① ゴロゴロ

（ 　　　　　　　　　　 ）

② ばたん

（ 　　　　　　　　　　 ）

③ へとへと

（ 　　　　　　　　　　 ）

**1** つぎの 文章が 正しい 書き方に なるように、□に 丸(。)か 点(、)を つけましょう。

一つ6点【30点】

きのう①□ お母さんと スーパーへ
行った②□ 魚と 肉と 野さいを
買った③□ その あと④□ 図書館で
本を かりて 帰った⑤□

**2** つぎの 文を ＿＿＿の とおりに、それぞれ 書き直しましょう。

ぜんぶできて一つ10点【30点】

① へやが くらく なったので 電気を つけた。

　読みやすく なるように、点(、)を 一つ つける。

（　　　　　　　　　　　　　　　　　　）

② 広場に 行った 友だちと サッカーを した

　二つの 文に なるように、丸(。)を 二つ つける。

（　　　　　　　　　　　　　　　　　　）

③ 「はい わかりました」点(、)と 丸(。)を 一つずつ つける。

（　　　　　　　　　　　　　　　　　　）

**3** つぎの 文を、①・②の いいかたに なるように、点(、)を 一つ
つけて 書き直しましょう。【1つ20点】

> わたしは弟とお父さんをむかえにえきに行った。

① 「わたしと弟が むかえに 行った」と いう いみで。

② 「わたしだけが むかえに 行った」と いう いみで。

**4** つぎの 文章が 正しい 書き方に なるように、丸(。)か 点(、)を つけましょう。【20点】

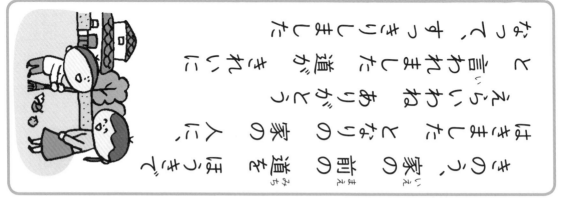

> わたしは、あなたの家の前の道をとおりました　道がありあなたの家の人にとうしたいに　すると、はきものがすりわれました　なんと言いましたか。

54

# 9 だれが どう する（主語・述語）

**1** つぎの 文は、ア〜ウの どの 形に あたりますか。　から えらんで、記号を 書きましょう。

1つ5点【15点】

① ぼくが 食べる。 ☐

② ぼくは 二年生だ。 ☐

③ ぼくは 楽しい。 ☐

「何が（は）」「だれが（は）」に あたる ことばを 主語、「どう する」「どんなだ」「何だ」に あたる ことばを 述語と いうよ。

```
ア　だれが（は）　どう する。
イ　だれが（は）　どんなだ。
ウ　だれが（は）　何だ。
```

**2** 上に つづく ことばを、下から えらんで ——線で つなぎましょう。

1つ6点【24点】

① 大きな 犬が　　　・　　　・ア　けいさつかんだ。

② ぼくの 父は　　　・　　　・イ　かがやく。

③ この りょうりは　　・　　　・ウ　ほえる。

④ 水面が 光を うけて　・　　　・エ　おいしい。

主語と述語は、文のきほんだよ！

**3** つぎの文の主語には――線を、述語には～～線を引きましょう。 一つ7点【21点】

① わたしの母は、花びんの水を入れかえたんだ。

② 庭の花が、きれいにひらいたんだ。

③ 帰ってきたわたしは、水を一ぱいのんだんだ。

**4** つぎの文の主語と述語を書き出しましょう。 一つ5点【20点】

① わたしは、兄と図書館へ出かけました。

主語（　　　　　） 述語（　　　　　）

② ほめられて、田中さんもとてもうれしそうだ。

主語（　　　　　） 述語（　　　　　）

**5** つぎの文の中の□（ことば）をならべかえて、主語と述語がそろっている文を作りましょう。 一つ10点【20点】

① 妹と　行った　わたしは、　公園へ

（　　　　　　　　　　　　　　　　）

② わたしは、　つめたい　水に　つめたい

（　　　　　　　　　　　　　　　　）

56

# 1 つぎの 文章を 読んで、もんだいに 答えましょう。 【50点】

南の 国に ある 川に、ペンボと いう わかい わにが すんで いました。

ある 日、ペンボは おなか いっぱい ごちそうを 食べる と、川ぐに ねころんで、日なたぼっこして いました。

すると、⑦ なかよしの ちどりが ペンボを 見つけて、とんで きました。

「ペンボさん、こんにちは。さあ、きょうも お口の そうじを しましょう。」

「ありがとう。」

ペンボは 目を つぶって、あんと 大きく 口を あけ ました。

ちどりは 口の 中に とび こむと、ペンボの はの 間に はさまって いる ごちそうの のこりを、くちばしで つまんで 食べました。

（大石真「わにのペンボ」（ポプラ社）より）

① ペンボは どこに すんで いましたか。　（15点）

（　　　　　　　　　）

② ⑦ 「なかよしの ちどり」は 何を する ために 来たの ですか。記号を ○で かこ みましょう。　（15点）

ア　日なたぼっこ
イ　川あそび
ウ　ペンボの 口の そうじ。

③ ⑦ 「お口の そうじ」と あり ますが、どんな ことを す るのですか。　（20点）

---------------------------------

---------------------------------

---------------------------------

こまった ときには こまった ときには

答え ● 92ページ

## 2 つぎの文章を読んで、あとの問いに答えましょう。

（大竹「ふしぎのもり」〈社こう光〉より）

「ふたりしたがすたらどよ。
たすけとどよ。あぁ、き……」

⑦ポンちゃんは、目の前にいるボンくんを見つめて、気をうしなってしまいました。

⑦ボンくんは、□の中に大きくロをあけていましたが、ポンちゃんをのみこむのをためらっていました。

⑦「ふしぎなこと」とは、どんなことですか。【20点】

　_____

②「体中が……」
① 「ただ中」の□にあてはまる記号を○でかこみましょう。【15点】

ア　ウ
イ　エ

　どんな気もちからですか。

③「ボン」を「ポン」と思うわけ
　気もちがわかる一文をぬき出しましょう。【15点】

　_____

**1** つぎの 文章を 読んで、もんだいに 答えましょう。　〔50点〕

＊モンゴル……中国とロシアの あいだに ある 国。

むかし、モンゴルに スーホ という ひつじかいの 少年が いました。スーホは、ある日 ひろった 白い 子馬を、大きく 白い 馬に 育てました。ひらいた 草原に 帰りたくて、けい馬の 大会に 出ました だ。

「白い馬が 一とうだぞ。白い馬の のり手を つれて まいれ！」

とのさまは、さけびました。

□、つれて きたわか ものを 見ると、ひんぼうな ひつじかいでは ありませんか。そこで とのさまは、むすめの むこに する <u>やくそくなどは しらんぶり</u>して 言いました。

「おまえには、ぎんか 三まいやる。その 白い馬を ここに おいて さっさと 帰れ！」

（大塚勇三「スーホの白い馬」〈福音館書店〉より）

① □に 入る ことばを えらんで 記号を ○で かこみましょう。（10点）

ア だから
イ つまり
ウ ところが

② とのさまが「<u>やくそくなどは しらんぶり</u>」したのは なぜですか。　一つ15点(30点)

・（　　　　　　　　　　）だった
白い 馬の のり手が
（　　　　　　　　　　）だったから。

③ とのさまは どんな 人だ と 言えますか。記号を ○で かこみましょう。（10点）

ア 自分勝手で ずるい 人。
イ 思いやりの ある 人。
ウ ふつうで やさしい 人。

登場人物の気もちにも注目しますよ。

（大塚勇三「スーホの白い馬」（福音館書店）より）

「白馬、白馬。しなないでおくれ。」
ちがいました。でも、ひっしに走って、走って、大すきなスーホのところへ帰ってきたのです。

⑦白馬は、体じゅうあせびっしょりでした。そして、よく見ると、体には矢が何本もつきささっていました。白馬は、おおかみにおそわれながら、走りに走って、スーホのところへ帰ってきたのでした。本当に、もう、だめかと思われました。

①スーホは、はをくいしばりながら、白馬につきささっている矢をぬきました。

（あるばんのこと、白馬をおって、家来たちが矢をいかけたのです。でも、白馬はにげて、スーホのところへ帰ってきたのでした。）

---

2 つぎの文章を読んで、あとの問いに答えなさい。【50点】

① ⑦「しなないでおくれ」とありますが、だれが、「しなない」ようにといのっていますか。次のア〜ウからえらんで、記号を○でかこみましょう。(15点)
ア スーホ
イ 白馬がひかる光だから。
ウ おおかみ

② ①「矢をぬきました」とありますが、だれが、「矢をぬいた」のですか。次のア〜ウからえらんで、記号を○でかこみましょう。(15点)
ア スーホ
イ 白馬
ウ おおかみ

③ ⑨「白馬につきささっている矢をぬきました」とありますが、だれが、矢をぬいたのですか。(20点)

**1** つぎの 文章を 読んで もんだいに 答えましょう。【50点】

バッタは、草を 食べる おとなしい こん虫です。とくに みを まもる ための ぶきが ないので、おそわれたら にげるしか ありません。

その ため、バッタは とても 大きく 太い 後ろ足で すばやく はねて にげる ことが できます。そして、少しの きょりですが 空を とんで にげる ことも できます。

また、てきに 少しでも 早く 気づく ためには、まわりが よく 見えなくては なりません。それで、バッタの 目は 左右に とび出すように ついて、後ろの 方も よく 見えるように なっている のです。

① バッタは 何を 食べる こん虫ですか。(10点)

（　　　　　　）

② バッタは どのように して にげますか。一つ15点(30点)

● すばやく （　　　　　　）
にげる。

● 少しの きょりは （　　　　　　）
にげる。

③ バッタに ついて 合う ものの 記号を、○で かこみましょう。(10点)

ア ぶきの 後ろ足で てきを ける。

イ 目が 後ろの 方に ついて いる。

ウ 目は、左右だけで なく 後ろまで よく 見える。

あてはまる ことばを 二つに わけましょう。

**2 つぎの 文章を 読んで、あとの といに 答えましょう。**【50点】

ハムスターは、くだもの・やさい・草など、いろいろなものを食べます。

くだものは、あまいものがすきなようです。くだものの中でも、高い木の上になるくだものは、食べることができません。

木になるくだものは、大きくて高いところになるので、ハムスターにはとりにくいのです。

ハムスターは、草やくだものだけでなく、ミミズなどの虫も食べます。

さんへたかから食べることができるように、とがったはをもっているのです。

① ハムスターが 食べるのは、なんですか。[10点](20点)

（　　　）と（　　　）から作られるもの。

木から（　　　　　）と いう。

② ②に あてはまる ものの 記号を、二つ えらんで ○で 合いましょう。[10点](10点)

ア くだものも 草も 食べる。

イ 高い ところに なる くだもの。

ウ 食べられない ものが ある。

エ ロに あたり やすい くだもの。

③ くだものの あるものと、くだものを 書き出しましょう。[10点](20点)

（　　　　　　）・（　　　　　　）

# 1 つぎの 文章を 読んで、もんだいに 答えましょう。【50点】

にじは、雨が 上がっても、遠くの 空に まだ 少し 雨の つぶが のこって いる ときに 見えます。

にじは、雨が 上がっても 太陽が まだ 出て いる ときに 見えます。

ぐ、くの 空に つぶに のこって いる その つぶに わたしたちが 立って 太陽の 光が 見え

ぐ、くの 空に つぶに その のこって いる 雨の

光が 当たると、太陽の 光は 白っぽい 色に

に、太陽の 光の 色が かさなって いるので

通すと、七つに 分けられた 光の 色を、見る ことが できます。この 七つの 色は、にじの 色と 同じなのです。

光通す 形い から、光を 分ける はたらきの ある「プリズム」と いう ガラスのように、太陽の 光を 分けられた 三角く

① にじは どんな ときに 見られますか。記号を 〇で かこみましょう。 (10点)

ア 雨が 上がって 遠くの 空に、雲が まだ 少し のこって いる とき。

イ 太陽の 光が、見て いる 人の 後ろから 遠くの 空の 雨の つぶに 当たる とき。

ウ 晴れた 雨が 上がって 遠くの 空から、太陽が こちらを てらす とき。

② 「プリズム」は どんな はたらきを しますか。 (20点)

（　　　　　　　　　　）

③ プリズムに よって 太陽の 光は どう なりますか。 [一つ10点(20点)]

・（　　　　）と 同じ

（　　　　）に 分かれる。

雲のでき方がわかりましたね。

**2** つぎの 文章を 読んで、あとの もんだいに 答えましょう。 【50点】

川や海などの水は、じょうはつして水じょうきになり、空にのぼっていきます。空にのぼった水じょうきは、空の高いところで、空気がひえて、水や氷のつぶになります。

風などで空気の中の水や氷のつぶがあつまって、雲となります。

雲のつぶは、おもいものは下に、かるいものは上にと、空気の中で水や氷のつぶにわかれます。そして、空の上にもち上げられたりして、空にうかんでいます。

雲のつぶがおおきくなって、おもくなると、下におちてきますが、小さなつぶのときは、空気のながれにのって、空のたかいところにうかんでいます。

雲のつぶは、おおきくなると、雨や雪などとなって、地面におちてくるのです。それが、雨や雪なのです。

① 空気中の水やこおりのつぶは何でしょう。また、雲は何でしょう。
一つ10点(20点)

・小さな ( ) や ( ) の つぶ。

② ——線の「その場しょ」とは、どのような場しょにありますか。
（10点）

_____

空の高いところ。

③ 雲の中で、水や氷のつぶは何に分かれますか。
一つ10点(20点)

・( ) と ( )。

**1** つぎの 文章を 読んで もんだいに 答えましょう。【50点】

ビーバーは、ヨーロッパや北アメリカに すむ ねずみの なかまです。大きな 前ばは とても うしろに おおれた ひらたく ちょうです。ビーバーの 家は、みずうみの まん中に あります。

まず、ビーバーは するどい 前ばで 木を たおして、ダムを 作ります。そして この ダムの 中に 木の えだを つみ上げて 家を 作ります。出入り口は 水の 中ですが、ビーバーは およぎが とくいなので、水に もぐって 中に 入ります。

水の 中に 出入り口が ある ことで、おおかみなどの てきに おそれずに すむのです。

① ビーバーは 家を 作る とき、まず 何を しますか。(15点)

・するどい 前ばで 木を たおし、水の ながれを 止め（　　　　　　）を 作る。

② ビーバーの 家の 出入り口は、どこに ありますか。(15点)

（　　　　　　　　　　）

③ ビーバーの 家の 出入り口が ②の ところに ある のは、なぜですか。(20点)

-------------------------------

-------------------------------

このページの文しょうは、こえに出して読んでみたらどうだったかな！

2 つぎの文章（ぶんしょう）を読（よ）んで、もんだいに答（こた）えましょう。 【50点】

節分（せつぶん）は、立春（りっしゅん）の前の日で、二月（にがつ）三日か四日（よっか）になります。立春は、こよみの上では、春（はる）のはじまる日で、一年（いちねん）のはじまりとなる日です。

節分のよるには、まめをまいて、おにをおいはらいます。むかしの人（ひと）は、りっしゅん、つまり、年のはじまりの前のよるに、そのとし一年の病気（びょうき）やけがを家（いえ）の中からおいはらおうと考（かんが）えて、まめをまいたといわれています。

まめをまくときには、「おにはそと、ふくはうち」と言いながら、豆（まめ）を家の戸口（とぐち）の前にまいたり、家の中にまいたりします。

前のとしのおには、今年（ことし）をむかえる前に、おいはらわなくてはならないと言われているので、立春の前の日にまめをまきます。

たまめをまくときには、人にむかってまめをまくのではなく、ヒイラギの頭（あたま）に、家の戸口の前にかざります。

① むかしの人は、立春、つまり、年のはじまりの何（なに）の前に、そのとし一年を考えましたか。（10点）

（　　　　　　　　　）

② おかしのよるに、そのとし一年の人は、まめをまいて、思った年を、節分（せつぶん）と思ったときは、（　　　　）で、あわせて、（　　　　）と思った。一つ10点（20点）

③ 理由（りゆう）を、「～から」の文の、うきの家の戸口にかざましたか書きましょう。一つ10点（20点）

| 頭（あたま）のなかの | は・ヒイラギの |
|---|---|
| イ | ア |
| | |

**1** つぎの しを 読んで、もんだいに 答えましょう。 【50点】

バッタのうた

おうち・やすゆき

バッタ
草の色から
ピョンと とびだす バッタ

じっとしてれば
<u>はっぱと おなじ</u> バッタ

ピョンと とばなきゃ
みつからないのに バッタ

バッタ
草の色から
ピョンと とびだす バッタ

じっとしてたら
□に なっちゃう バッタ

バッタだからね
ピョンと とびたい バッタ

(おうち・やすゆき「たらー しんぞう」(小峰書店) より)

① 「はっぱと おなじ」と ありますが、どのような ところが 同じなのですか。しの 中の 三字の ことばを 書き出しましょう。 (15点)

● ☐☐☐ を

して いる ところ。

② ☐☐に は、どんな ことばが 入りますか。しの 中の ひらがな 三字の ことばを 書き出しましょう。

(15点)

☐☐☐

③ バッタの 気もちを たうたって いる 一行を、書き出しましょう。 (20点)

[          ]

つ にんまで ぬられる ことを 楽しめたら！

（まど・みちお「まど・みちお全詩集」〈理論社〉より）

てんぼう

まど・みちお

⑦ けさ ぼくは
ここに くらして きて
ちょうど

⑦ そのほんの なかの
ほうへ ちかづいて いって

④ その ほんの なかの
ほうへ ちかづいて いって

⑦ その ほんの なかの
ほうへ ちかづいて いって
その ほんだ……

⑦ その ほんの
おしまいの……
ここに くらして きて……
ここに くらして いた……

けさ！……

2 つぎの 詩を 読んで、あとの もんだいに 答えましょう。【50点】

① ⑦「へん」が すすむ ようすを あらわす 「とん」が あります。どちらの 記号を ○で かこ
いましょう。(10点)
ア 体が 回る ようす。
イ 目が 回る ようす。
ウ 体の ぐあいが わるく なる ようす。

② ④「あし」「とん」が ありますが、どんな ことを いって いますか。(10点)

[解答欄]

③ ④「そのほんだ」とは、何の ほんだ ですか。(10点)

( )

④ ⑦「そのほんだ」に 気づいて 書きましたが、「そのほんだ」について、たし
かめ ましょう。(10点)(20点)

( )
( )

# 作文の 書き方①

**1** つぎの 文章から、「いつ」「どこで」「だれが(は)」「何を した」に あたる ことばを 書き出しましょう。

一つ12点【48点】

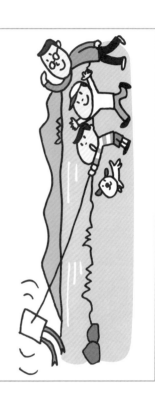

今年の お正月の ことです。ぼくと 家の 近くの 川原で、たこあげを しました。

お父さんと お兄ちゃんは、たこあげを するのは はじめてでした。でも、お父さんに 教えてもらって、空高く たこが まい上がって、ぼくは、たこあげを 上手に できました。うれしかったです。

① いつ　　　　（　　　　　　　）

② どこで　　　（　　　　　　　）

③ だれが(は)　（　　　　　　　）

④ 何を した　（　　　　　　　）

「に」「へ」「を」「は（わ）」などを正しく使い分けて、作文をていねいな字で書きましょう。

❷ つぎの 文に ぬけて いるのは、なにに あたる ことばですか。□に ことばを かいて、○を つけましょう。　【12点】

ぼくは、公園で □□□を いっぱい とりました。

ア（ 　）いつ　　イ（ 　）どこで
ウ（ 　）だれは　エ（ 　）何を　した

❸ つぎの 文の □の ことばを なおして、書き直しましょう。　【一つ20点（40点）】

① わたしは、おとうさんと 買いものを しました。
〈なおし〉 ものの ゆう方
〈なおし〉 スーパーで

② ぼくは、土曜日の 夜 花火を しました。
〈なおし〉 お母さんと 妹と
〈なおし〉 家の にわで

# 17 作文の 書き方②

もくひょう 10ぷん

月 日 とく点 点

**1** つぎの の ことばを、「いつ・どこで・だれが(は)・何を した」の じゅんに ならべかえて、文を 作りましょう。 [1つ15点【45点】]

① およいだ。 ぼくと 姉は きのう 近じょの プールで

[                    ]

② お父さんが 日曜日の 朝 草とりを した。 にわで

[                    ]

③ バーベキューを した。 川原で 夏休みに わたしたち 家ぞくは

[                    ]

作文の　書きかたは、それぞれ　ちがうんだね！

## 3

おかしを　つくる　じゅんじょを　せつめいした　文です。絵に　あう　ように、ぬけている　②と③の　文を　書きましょう。

【15点×2＝30点】

① はじめに、ボールに　たまごを　われ入れ、さとうと　小麦こ（粉）を　入れて、よくかきまぜて、こねました。

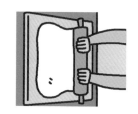

②

③

④ さいごに、オーブンに　入れて、三十分くらい　たって、オーブンから　出して、できあがりました。

## 2

絵を　見て、「いつ・どこ（で）・だれが・何を　した」の　つづく　ことばを　つかった　文を　作りましょう。

【25点】

# 1 野さいを そだてよう

**1** ①〜③の 野さいの 名前を 書きましょう。　1つ10点【30点】

①

②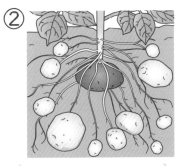

③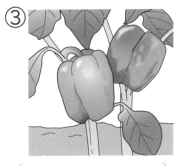

（　　　　　　　）　（　　　　　　　）　（　　　　　　　）

**2** サツマイモの うえ方に ついて あ, いの 正しい ほうの
　□に ○を つけましょう。　1つ10点【20点】

① あ □　はは, 土の 上に 出
　　　　して, ねかせて うえる。

い □　うねの 間に なえが 立
　　　　つように さして おく。

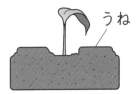
うね

② あ □　はに 土を かける。

い □　くきに 土を かける。

73

**3** ミニトマトの なえを うえきばちに うえて そだてます。
おこなう じゅんに, （  ）に 番ごうを 書きましょう。【20点】

あ 水を やる。

い しちゅうを
立てて, ひもで
むすぶ。

う ねを きず
つけないように,
なえを うえる。

え ひりょうを
まぜた 土を
うえきばちに
入れる。

（    ）　　　　（    ）　　　　（    ）　　　　（    ）

**4** ①～③の 野さいの そだって いる ようすは どれですか。
合う ものを 線で むすびましょう。

1つ10点【30点】

①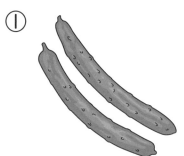

②

③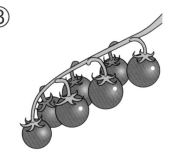

・　　　　　　　・　　　　　　　・

・　　　　　　　・　　　　　　　・

あ

い

う

きゅうしょくに 出る 野さいも 多いね。

答え ▶ 95ページ

# ② まちを　たんけん　しよう

**1** 行った　ことが　ある　場しょの　□に，○を　つけましょう。

【40点】

① □ 花やさん

② □ 公園

③ □ ゆうびんきょく

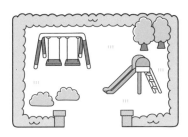

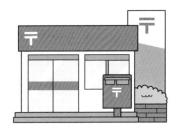

④ □ 交番

⑤ □ やおやさん

⑥ □ 図書かん

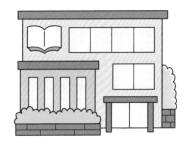

⑦ □ 肉やさん

⑧ □ びょういん

⑨ □ 文ぼうぐ店

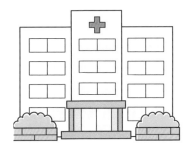

**2** まちの ①〜③の 場しょで はたらく 人は どんな
ことを して いますか。合う ものを 線で むすびましょう。

1つ15点【45点】

① パンやさん　　　② はたけ　　　③ えき

・　　　　　・　　　　　・

・　　　　　・　　　　　・

| あ パンを | い ホームに いる | う 野さいを |
| やいて いる。 | 人を 見まもって いる。 | そだてて いる。 |

**3** まちを たんけんする ときに，まちがった ことを して
いる 絵は どれですか。□に ×を つけましょう。　　【15点】

① 人に あいさつを
する。　　　　　　② お店の 人に
ことわらずに
中に 入る。　　　　③ 道ろの きまりを
まもって 歩く。

 まちでは いろんな 人が，はたらいて いるよ。

答え ▶ 95ページ

# 3 生きものを さがそう，
生きものを そだてよう

**1** ①～⑥の 生きものの 名前を □ から えらんで
書きましょう。

1つ5点【30点】

①

（　　　　　）

②

（　　　　　）

③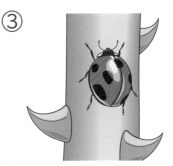

（　　　　　）

④

（　　　　　）

⑤

（　　　　　）

⑥

（　　　　　）

| カブトムシ | メダカ | テントウムシ |
| --- | --- | --- |
| カマキリ | アゲハ | ダンゴムシ |

**2** ①～③の 生きものは 大きく なると，何に なりますか。
（　　）に 書きましょう。

1つ6点【18点】

① あおむし

（　　　　　）

② やご

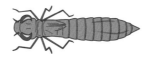

（　　　　　）

③ おたまじゃくし

（　　　　　）

**3** ザリガニの　かい方に　ついて　答えましょう。　　1つ8点【40点】

① 正しい　かい方の　□に　○を　つけましょう。

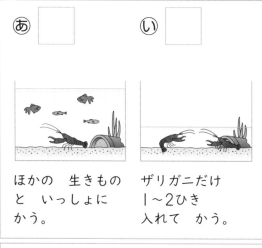

あ □　　ほかの　生きもの
と　いっしょに
かう。

い □　　ザリガニだけ
1〜2ひき
入れて　かう。

う □　　1日じゅう　日の
当たる　あたたかい
ところに　おく。

え □　　1日，2〜3時間，
日の　当たる
ところに　おく。

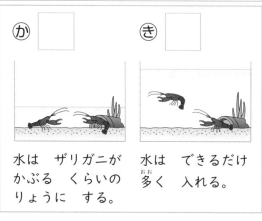

か □　　水は　ザリガニが
かぶる　くらいの
りょうに　する。

き □　　水は　できるだけ
多く　入れる。

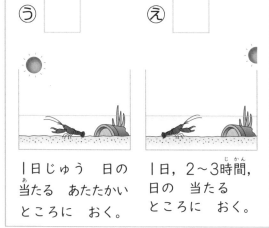

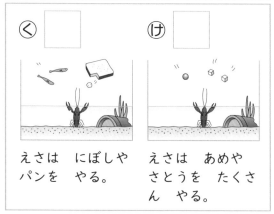

く □　　えさは　にぼしや
パンを　やる。

け □　　えさは　あめや
さとうを　たくさ
ん　やる。

② 水そうの　水が　よごれたら，水は　かえますか。そのままで
よいですか。　　　　　　　　　　　水は（　　　　　　　　　　　　）

**4** おたまじゃくしを　そだてます。おたまじゃくしの　えさを
〔　　〕から　2つ　えらびましょう。　　1つ6点【12点】

（　　　　　　　　　　　）（　　　　　　　　　　　）

〔　　食パン　　　　かつおぶし　　　　ガム　　〕

どんな　生きものが　見つかったかな？

答え ▶ 95ページ

# 4 まちの しせつを つかおう

**1** ①～③は, 何を したい ときに 行く ところ ですか。
合う ものを 線で むすびましょう。

1つ6点【18点】

① 図書かん　　　② えき　　　③ ゆうびんきょく

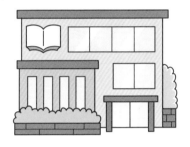　　

●　　　　　　　●　　　　　　　●

●　　　　　　　●　　　　　　　●

| あ 切手を 買う。 | い 電車に のる。 | う 本を かりる。 |

**2** 図書かんで やって いい ことには ○を, やっては
いけない ことには ×を □に つけましょう。

1つ10点【30点】

① 読んだ 本は
もとの ところ
に もどす。
□

② 大きな 声を
出して, 本を
読む。
□

③ 本の 中の
だいじな ところ
に 線を ひく。
□

**3** バスの のり方で, まちがった のり方を して いる 絵を
3つ えらんで, □に ×を つけましょう。　　　1つ10点【30点】

① じゅん番を
まもって
ならんで のる。

□

② ゆう先せきで
なくても お年
よりに せきを
ゆずる。

□

③ バスが 走って
いる ときに
うんてん手さん
に 話しかける。

□

④ つりかわに
ぶら下がって
あそぶ。

□

⑤ 走って いる
バスの
まどから 手や
顔を 出す。

□

⑥ 行き先や おり
る ところを
たしかめてから
のる。

□

**4** 電車に のります。まちがった おこないを して いる もの
を 2つ えらんで, （　　）に ×を つけましょう。　1つ11点【22点】

① （　　　　） 行き先までの りょう金と 電車が 来る
時こくを しらべて おく。

② （　　　　） おりる 人より 先に 電車に のる。

③ （　　　　） ホームでは よこに 広がって 電車を まつ。

きまりを 守る ことが 大切だね。

答え ▶ 96ページ

月　日　10分

とく点

点

**1** ①〜③は どの おもちゃの せつめいですか。あてはまる
おもちゃを ⓐ〜ⓒから えらびましょう。　1つ8点【24点】

① そこに おもりが ついて いて たおれない。（　　　　）

② かさに 風を うけて ゆっくりと おちる。（　　　　）

③ ほに 風を うけて 走る。（　　　　）

　ⓐ　パラシュート　　ⓘ　ヨットカー　　ⓒ　おき上がりこぼし

 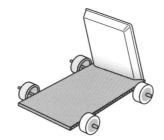 

**2** ①〜③の おもちゃの ざいりょうは どれですか。合う
ものを 線で むすびましょう。　1つ8点【24点】

  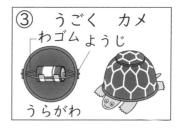

**3** 春に 見つけた 花には ○を, 夏に 見つけた 花には △を, □に つけましょう。どちらでも ない 花には ×を つけましょう。

1つ5点【25点】

① ヒマワリ

② サクラ

③ アサガオ

④ タンポポ

⑤ コスモス

**4** ①～③は, 春, 夏, 秋, 冬の どの きせつの 行じですか。
（　）に きせつの 名前を 書きましょう。

1つ9点【27点】

① 七夕まつり

（　　　）

② せつ分

（　　　）

③ こいのぼり

（　　　）

 すきな きせつに ついて, みんなで 話して みよう。

答え ▶ 96ページ

月　　日　　⑩分
とく点

点

**1** あなたが 生まれた ときや 小さい ころの ようすは，どの
ような 方ほうで しらべますか。□に ○を つけましょう。

【50点】

① □ お父さん，お母さんに
　　　話を 聞いて しらべる。

② □ 母子手ちょうや，お母さん
　　　が 書いて いた きろく
　　　を 見て しらべる。

③ □ しゃしんを 見て，
　　　しらべる。

④ □ ビデオを 見て，
　　　しらべる。

☆ ほかの しらべ方が あったら 書きましょう。また，しらべて
　どんな ことが わかりましたか。

**2** 2年生で できるように なった ことや, 上手に なった ことの □に ○を つけましょう。 【50点】

① □ 1年生の ときより, なわとびが 上手に なった。

② □ てつぼうで さか上がり などが できるように なった。

③ □ 2年生で ならった かん字が 書けるように なった。

④ □ 野さいが そだてられる ように なった。

☆ この ほかに できるように なった ことや, 上手に なった ことが あったら 書きましょう。

2年生で やったこと, 見直して おこうね。

答え ▶ 96ページ

# 答えとアドバイス

おうちの方へ

まちがえた問題は，何度も練習させましょう。

算数 ▶ 85ページ　　生活 ▶ 95ページ
国語 ▶ 90ページ

## 算　数

**①　ひょうと　グラフ，時こくと　時間**　5~6ページ

**1**　①5まい　　②青色　　　③2まい

**2**　①午前6時50分　　②午前8時20分

③40分（間）　　　　④6時間

**3**　①　　おかしの　数

②せんべい　　　　③3こ

**4**　①70　　　②24　　　　③1，30

**5**　午前10時45分

**アドバイス**　**1**　②色紙の数の多少は，●の高さの違いでわかることから，グラフに表すと数量の違いがとらえやすくなることに気づかせてください。

**4**　①1時間＝60分だから，60分と10分で70分になることを理解させましょう。

**5**　午前11時の15分前に家を出ればよいことに気づかせましょう。

**②　たし算の　ひっ算①**　7~8ページ

**1**　①32　　②47　　③63　　④69

**2**　①67　　　②84　　　③98

④79　　　⑤54　　　⑥66

⑦64　　　⑧62　　　⑨93

⑩80　　　⑪72　　　⑫80

**3**　①50　　②95　　③58　　④76

**4**　①88　　②41　　③60　　④63

⑤90　　⑥74　　⑦94　　⑧77

⑨33　　⑩56　　⑪90　　⑫75

**5**　① 18 ② 73 ③ 56 ④  8
　　　+28 　+24 　+ 5 　+42
　　　 46 　 97 　 61 　 50

**アドバイス**　**2**　⑦〜⑫一の位の計算でくり上がりがあるので，十の位の計算では，くり上げた1のたし忘れに注意させましょう。はじめのうちは，くり上げた1を小さく書いておくように指導するとよいでしょう。

また，⑩，⑫では，答えの一の位が0になるので，0の書き忘れに注意させましょう。

**5**　③・④2けたと1けたのたし算の筆算では，位のそろえ方をまちがえないように注意させましょう。

**③　ひき算の　ひっ算①**　9~10ページ

**1**　①25　　②32　　③46　　④26

**2**　①52　　　②63　　　③32

④4　　　⑤95　　　⑥40

⑦58　　　⑧13　　　⑨23

⑩5　　　⑪68　　　⑫34

**3**　①22　　②56　　③17　　④52

**4**　①24　　②43　　③7　　④39

⑤35　　⑥20　　⑦6　　⑧10

⑨53　　⑩81　　⑪83　　⑫50

**5**　① 42 ② 69 ③ 81 ④ 50
　　　-37 　-45 　- 2 　- 9
　　　  5 　 24 　 79 　 41

**アドバイス**　**2**　⑦〜⑫十の位から一の位へのくり下がりがあるので，十の位の計算では，くり下げた1をひくのを忘れないように注意させましょう。

**④ たし算と ひき算の 文しょうだい①** 11~12ページ

**1** 23+14=37　　　　　37さつ
**2** 28−6=22　　　　　22人
**3** 74−57=17　　　　　17円
**4** 44+16=60　　　　　60こ
**5** 35+8=43　　　　　43本
**6** 31−19=12　　　　　12わ
**7** 62−25=37　　　　　37頭

**●アドバイス** **2**の問題を図に表すときは，次の例のように，帰った人数と残りの人数を入れかえてもかまいません。

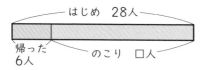

　問題文を読み取る力を養うには，図に表す作業をさせることが効果的です。日頃の家庭学習でも，図に表してみるように指導するとよいでしょう。

**4の図**

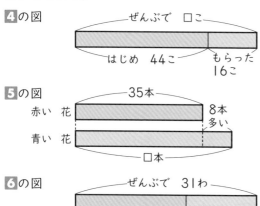

**5の図**

**6の図**

**7の図**

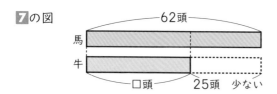

**⑤ 100を こえる 数①** 13~14ページ

**1** ①214　②302
**2** ①659　②180　③407　④500
　　⑤927　⑥840　⑦390　⑧720

**3** ①506　②1，3，8　③400，70
　④900　⑤61
**4** ①⑦150　④440　　⑤670
　②⑦960　④1000
**5** ①710　②999

**●アドバイス** **2** ③「47」や「4007」と書いてしまう場合には，右のような位取りの表を使って，十の位には何もないことを表す0を書くことを理解させてください。

　⑦10が10個で100になることから，10が30個で300になることを理解させてください。

**⑥ 100を こえる 数②** 15~16ページ

**1** ①110　②70　③130　④180
　　⑤60　⑥70
**2** ①500　②300　③600　④1000
　　⑤400　⑥700
**3** ①<　②>　③<
　　④>　⑤<
**4** ①120　②130　③150　④70
　　⑤30　⑥90
**5** ①900　②400　③1000　④570
　　⑤702　⑥400　⑦300　⑧400
　　⑨700　⑩300
**6** ①>　②<　③>　④=
**7** ①6，7，8，9　②0，1，2

**●アドバイス** **6** 数の大きさを比べるときは，まず，けた数を比べ，けた数が同じときは，大きい位の数字から比べさせましょう。

**7** ①百の位の数字は同じで，一の位は5>4だから，□に6を入れると865>864になり，6以上の数字を入れればよいとわかります。

　②百の位と十の位の数字は同じだから，□には3より小さい数字が入ります。

**⑦ 長さ, かさ** 17~18ページ

**1** ㋐7mm　㋑6cm　㋒11cm2mm

**2** ①1L4dL　　②2L5dL

**3** ①40　②300　③90　④1000

**4** ①<　②>

**5** ①6　②32　③9　④801
　　⑤47　⑥500

**6** ①<　②>　③=　④<

**7** ①12cm ②6cm ③9cm4mm
　　④8m30cm　　⑤7L2dL
　　⑥2L　　　⑦8L1dL

**アドバイス**　**5**　④「810cm」や「81cm」とまちがえやすいので, 注意させましょう。
**7**　⑥3dLと7dLをたすと10dLですが, 10dL＝1Lだから, 1Lと1Lで2Lになることに気づかせてください。

**⑧ たし算の ひっ算②** 19~20ページ

**1** ①135　②127　③106
　　④143　⑤115　⑥140
　　⑦103　⑧105　⑨100

**2** ①286　②740　③451

**3** ①27　②45　③88　④83

**4** ①137　②132　③100　④105
　　⑤140　⑥101　⑦103　⑧100
　　⑨595　⑩183　⑪660　⑫857

**5** ①　75　　②　　9　　③　　65
　　　＋37　　　＋94　　　＋515
　　　112　　　103　　　580

**6** ①49　②67　③89　④98

**アドバイス**　**3**　計算のきまりを利用して, 計算の順序を変えることで, 簡単に計算できる場合があることを理解させましょう。
　③　18+43+27=18+(43+27)
　　=18+70=88
　④　29+33+21=29+21+33
　　=50+33=83

**⑨ ひき算の ひっ算②** 21~22ページ

**1** ①93　②70
　　③26　④87　⑤89
　　⑥51　⑦45　⑧65
　　⑨77　⑩9　⑪97

**2** ①345　②107　③418

**3** ①97　②35　③46　④98
　　⑤92　⑥86　⑦73　⑧60
　　⑨46　⑩24　⑪98　⑫96
　　⑬609　⑭325　⑮537

**4** ①　124　　②　106　　③　270
　　　－　67　　　－　29　　　－　　9
　　　　57　　　　77　　　　261

**アドバイス**　**1**　⑧～⑪ひかれる数の十の位が0なので, そのままでは一の位へのくり下げができません。このような場合は, まず, 百の位から十の位へ1くり下げることで, 一の位へのくり下げができることを理解させてください。

**⑩ たし算と ひき算の 文しょうだい②** 23~24ページ

**1** 47+65=112　　　　　　112こ

**2** 120-78=42　　　　　　42cm

**3** 135+56=191　　　　　191円

**4** 97+6=103　　　　　　103さつ

**5** 84+49=133　　　　　133円

**6** 102-83=19 お兄さんが 19こ 多い。

**7** 256-49=207　　　　207ページ

**アドバイス**　問題文を図に表して考えさせるとよいでしょう。

**4**
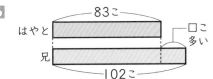

**6**

87

**11 かけ算①** 　　25~26ページ

**1** ①3, 6, 2, 3, 6　②3

**2** ①⑦5　④10　⑤15　⑤5
　②⑦2　④4　⑥6　⑤2
　③⑦3　④6　⑨9　⑤3
　④⑦4　④8　⑦12　⑤4

**3** ①6+6+6　　②8+8+8+8
　③3×2　　　④7×5

**4** ①20　②40　③30
　④45　⑤25　⑥8
　⑦14　⑧18　⑨12
　⑩16　⑪21　⑫12
　⑬27　⑭15　⑮24
　⑯32　⑰24　⑱20
　⑲28　⑳16　㉑5
　㉒9　㉓10　㉔8
　㉕35　㉖18　㉗36

Ⓐアドバイス　答えのミスが多い段は，×1から順に唱える練習をくり返させましょう。

**12 かけ算②** 　　27~28ページ

**1** ①⑦6　④12　⑤18　⑤6
　②⑦7　④14　⑦21　⑤7
　③⑦8　④16　⑦24　⑤8
　④⑦9　④18　⑦27　⑤9
　⑤⑦2　④1

**2** ①7　　②9

**3** ①42　②54　③30
　④63　⑤42　⑥56
　⑦40　⑧64　⑨48
　⑩54　⑪72　⑫63
　⑬8　⑭4　⑮5
　⑯48　⑰7　⑱81
　⑲28　⑳24　㉑49
　㉒72　㉓24　㉔56
　㉕45　㉖36　㉗35
　㉘32　㉙21　㉚36

**4** ①8　　②6　　③7　　④8

Ⓐアドバイス　**2** かけ算のきまりから考えさせましょう。

①かけられる数とかける数を入れかえて計算しても，答えは同じになります。

②かける数が1ふえると，答えはかけられる数だけふえます。

**13 かけ算の　もんだい** 　　29~30ページ

**1** ⑦6　④18　⑦27
　⑤4　④16　⑦28　④32
　⑦15　⑦25　⑤40

**2** ⑦54　④60　⑦66　⑤72

**3** 7×4=28　　　　　　　28こ

**4** 3×8, 4×6, 6×4, 8×3

**5** 8×6=48　　　　　　　48円

**6** 3×4=12　　　　　　　12ひき

**7** 6×5=30　　　　　　　30cm

**8** 4×8=32（または，8×4=32）
　　　　　　　　　　　　　32こ

Ⓐアドバイス　**6** 式を4×3=12と書くまちがいをしないように注意させましょう。

**14 1000を　こえる　数** 　　31~32ページ

**1** ①3462　　②5027

**2** ①2857　　②9100
　③7003　　④6000
　⑤2634　　⑥8070
　⑦5200　　⑧3900

**3** ①1, 4, 3　②2000, 800, 5
　③6000　　④91

**4** ①⑦1300　④3600　⑦6800
　②⑦9950　④10000

**5** ①<　②>　③>　④<

Ⓐアドバイス　**2** ③「70003」などのように書きまちがいをする場合は，位取りの表などを使って，百の位と十の位はあいているので0を書くことを理解させましょう。

## 15 たし算と　ひき算の　文しょうだい③　33~34ページ

**1**　15+8=23　23人

**2**　50−36=14　14まい

**3**　24−6=18　18こ

**4**　22−7=15　15本

**5**　31−19=12　12人

**6**　80−23=57　57円

**7**　32+8=40　40ページ

アドバイス　**1**　問題文の「帰った」や「のこりが」だけから判断すると，ひき算とまちがえやすい文章題です。図に表すことで，答えはたし算で求められることに気づかせてください。図に表すときは，求める数を□とすればよいことを理解させましょう。

**3**　「多い」という言葉から，答えはたし算で求められると勘違いしやすい文章題です。図に表すことで，少ないほうを求める問題であることを理解させましょう。

**4**~**7**　図に表すと，次のようになります。

**4**の図

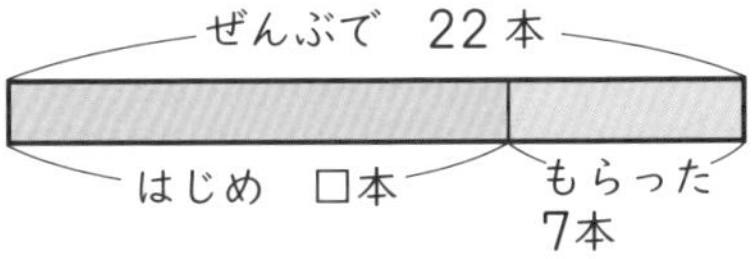


**5**の図

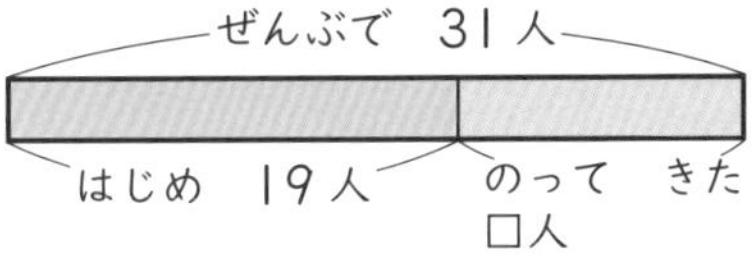


**6**の図

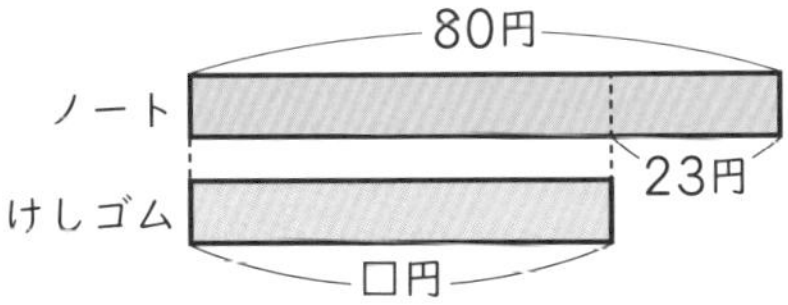


**7**の図

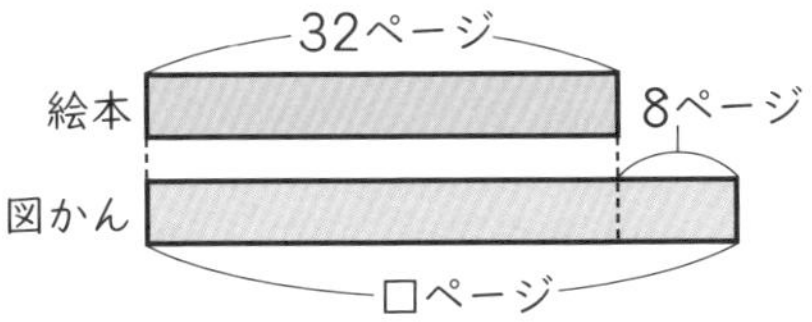


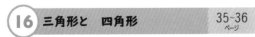

## 16 三角形と　四角形　35~36ページ

**1**　三角形…㋐，㋗　四角形…㋓，㋕

**2**　①8 cm　②7 cm

**3**　㋑，㋔

**4**　㋐長方形　㋑直角三角形　㋒正方形

**5**　（れい）

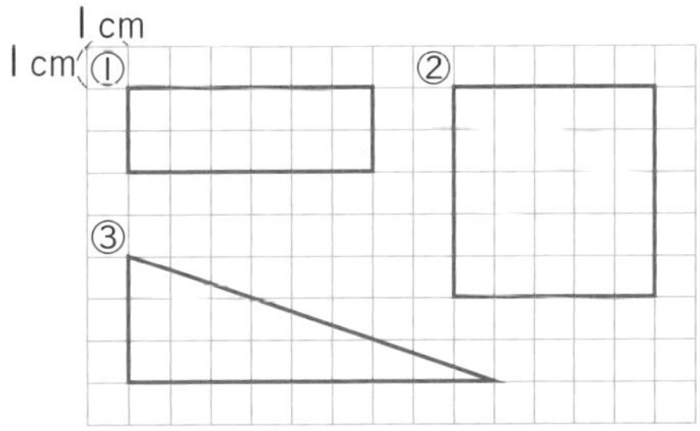


アドバイス　**1**　㋑や㋖のように直線がはなれていたり，㋔のように曲線がある形は，三角形や四角形とはいわないことを理解させましょう。

## 17 はこの　形，分数　37~38ページ

**1**　①面…6　へん…12　ちょう点…8
②2つずつ，3組

**2**　①8こ　②4 cm…8本　6 cm…4本

**3**　①$\frac{1}{2}$　②$\frac{1}{8}$

**4**　①6つ　②12

**5**　（れい）

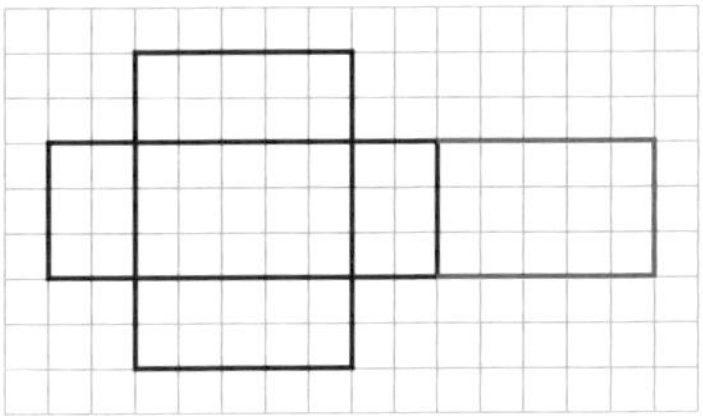

**6**　①3こ　②3ばい　③5こ

アドバイス　**2**　ひごが辺に，粘土玉が頂点になっていることに気づかせてください。

②4 cmの辺が8つ，6 cmの辺が4つある箱の形になります。

**3**　もとの大きさを，同じ大きさにいくつに分けた1つ分かを考えさせましょう。

**5**　この箱の形を作るには，同じ形の面が2つずつ3組必要であることから，たりない面を考えさせてください。

**6**　①・③もとの大きさが違うと，$\frac{1}{3}$の大きさが違うことにも気づかせてください。

## ① なかまのかんじ （39〜40ページ）

**アドバイス**

1 ①株・姉 ②兄・弟・姉〈順不同〉

2 ①牛・馬・鳥・魚 ②兄・弟・姉〈順不同〉

3 ①朝昼 ②午前・午後 ③校 ④図画工作 ⑤寺

4 ①生活 ②文番 ③道 ④体 ⑤音楽 ⑥国語 ⑦公園

同じ仲間をまとめておぼえる「なかまのかんじ」です。「手・足・耳・口・目・虫・貝・犬・魚」など体の部分や生きものをまとめて学習しています。

2 （一）一年生で習う漢字の画数の多い「絵」「理」や、時間に関係する漢字だけを集めてあります。

3 教科である理科や算数、国語など、一日を表す漢字をまとめてあります。

4 建物や場所、事業などを表す「市場」「交番」「道」などの仲間の漢字だけを集めてあります。地図を使う場所に関係のある漢字です。

## ② 同じ部分をもつかんじ （41〜42ページ）

**アドバイス**

1 ①口 ②日 ③一 ④□ ⑤□ ⑥□

2 ①〜③同じ

3 ①才・室 ②家・室 ③組 ④絵 ⑤頭・顔

4 ①姉・妹 ②株・校 ③算・答 ④線・紙 ⑤週・近

1 ①言 ②文 ③業 ④門 ⑤頭 ⑥点

2 同じ部分の形が少し変わる形を集めてあります。

3 （一）〜（三）は、入る位置に注意させましょう。同じ形がちがう位置に入ることもあります。

4 ①「女」 ②「犬」 ③「米」 ④「言」 ⑤「宀」 ⑥「彳」の部分に注目して、同じ部分のある漢字を集めてあります。形が似ているので、混同させないように注意させましょう。

## ③ 組み合わせてできるかんじ （43〜44ページ）

**アドバイス**

1 ①会 ②寺 ③晴 ④鳴 ⑤理

2 ①歩 ②門 ③寺 ④売 ⑤目

3 ①門 ②晴 ③寺 ④読 ⑤知

4 ①立 ②木 ③耳 ④門 ⑤糸・台〈順不同〉

1

| | | |
|---|---|---|
| ⑤ 力田 | ⑥ 糸田 | ⑦ 日月 | ⑧ 山石 |
| ① 切 | ② 田心 | ③ 目生 | ④ 言十 |

2 （一）「絵」のように左右で組み合わせてできる漢字のほかにも、「時」②「読」③「明」④「間」のように左右や上下に注意しましょう。

3 上下や左右の部分が組み合わさってできている漢字があることに注意しましょう。それぞれの漢字の部分が、二年生の問題の漢字を確認して習う漢字を組み合わせてできる漢字です。

4 ①〜④は、部分が上下左右に組み合わさってできる漢字です。

## ④ まちがえやすいかんじ （45〜46ページ）

**アドバイス**

1 ①ア ②イ ③ア ④イ

2 ①光 ②帰る ③当たる ④はぶく

3 ①休む ②体 ③毛 ④紙

4 ①会・合 ②内・肉 ③方・万 ④牛・午

1 訓読みが複数ある漢字の送りがなを、正しく読めるように注意しましょう。

2 ①「光」一字と、「ひかる」「ひかり」のように送りがなが必要な漢字があります。送りがなのつけ方に注意させましょう。

3 ②形の似た漢字は、「帰」と「当」のように、同じ部分に注意しましょう。

4 ①「会う」は、「人に会う」という意味で、②「合う」は「一致する」の意味です。③「内」「肉」、④「牛」「午」は、形が似ているので注意させましょう。

## ⑤ かたかなで 書く ことば　47〜48ページ

1 ①イ・ク・コ ②ウ・キ・ケ
③ア・オ・サ ④エ・カ・シ 〈①〜④順不同〉

2 ①キャベツ・トマト ②エジソン・アメリカ
③カレーライス・サラダ ④ピアノ・ドンドン
〈①〜④順不同〉

3 ①れい ケーキを 食べる。
②れい テレビを 見る。

● アドバイス

1 ①イ「ニャー」は猫、ク「ヒヒーン」は馬、コ「ワンワン」は犬の鳴き声です。
③外国から日本に入ってきて、日本語にとり入れられた言葉を「外来語」といいます。
④エ「ドイツ」は外国の国の名前、カ「ロサンゼルス」はアメリカの都市の名前、シ「シンデレラ」は童話の主人公で外国人の名前です。

2 ①「キャベツ」「トマト」は、外国から来た言葉です。
②「エジソン」「アメリカ」は、外国の人や国の名前です。
③「カレーライス」は「カレー」と「ライス」という外国語を組み合わせた言葉です。
④「ピアノ」は外国から来た言葉、「ドンドン」はものの音を表す言葉です。

3 イラストには他にコップ、ソファー、テーブルなどのかたかなの言葉があり、例えば「ソファーに すわる。」なども正解とします。

## ⑥ にたいみの ことば／はんたいの いみの ことば　49〜50ページ

1 ①ひらく ②しばる ③楽しい ④言う

2 ①イ ②ア ③イ ④ア

3 ①ア ②ア ③イ

4 ①下 ②前 ③左 ④出

5 ①かぶる ②きる ③はく

● アドバイス

2 ③「みそしるが うまい」などの場合はア「おいしい」の意味になります。意味の違いに注意させましょう。

3 ①〜③はいずれも「様子を表す言葉」の反対

の意味の言葉です。

⑤ 同じ言葉でも、文の中での使われ方によって、反対の意味の言葉が異なる場合があることを理解させましょう。「ぬぐ」の反対の意味の言葉は、①ぼうしのように頭にのせるものなら「かぶる」、②衣服など身(上半身)につけるものなら「着る」、③ズボンやくつのように足を入れるものなら「はく」となります。

## ⑦ 音やようすをあらわす ことば　51〜52ページ

1 ①エ ②イ ③ア ④ウ

2 ①すやすや ②にっこり ③ピー

3 ①トントン・そっと
②ぴよん(と)・ケロケロ
③ぐらぐら・ザー(と)
④ドボン(と)・すいすい

4 ①れい かみなりが ゴロゴロ 鳴る。
②れい お父さんが すたすた 歩く。
③れい あかちゃんが しくしく なく。

● アドバイス

1 ②イ「しとしと」は、雨が静かに降る様子を表す言葉です。

2 ①・②が様子を、③が音を表す言葉です。

3 ふつう、物音や動物の鳴き声を表す言葉はかたかなで、様子を表す言葉はひらがなで書きます。
音や様子を表す言葉があることで、表そうとする物事の様子がわかりやすくなっていることに気づかせましょう。
また、そのような言葉には、濁点(゛)が付くと感じが変わるものがあります。

れい
・ドアを トントン たたく。
・ドアを ドンドン たたく。

「トントン」より「ドンドン」のほうが強くたたいている感じがします。

れい
・星が きらきら光っている。
・太陽が ぎらぎら照りつける。

光ったり輝いたりする様子を表しますが、「ぎらぎら」のほうが強く激しい感じがします。

4 音や様子を表す言葉を正しく使って、絵に合う文が書けていれば正解とします。

## （承前）

す、」③「だ、」④・①「です」、②「何」

**2** 述語の形は、へ「です」・④・①「す」「る」、②「何」

**5** ①れい それでわたしは、妹をつれて公園へ行った。
②れい わたしは、それでしかたなく公園へ行った。

**4** ①田中さん・～は・～行きました。

**3** ③妹・～は・～だ
②花が・～だ
①母は・～だ

**2** ①ア ②ウ ③エ ④イ

---

**⑨ だれが どう する（主語・述語） 55～56ページ**

**4** 会話を迎えて、「と」「って」のような言葉が後に付きます。誰かの言葉であることを表します。

**3** 会話には、文の終わりに「」（かぎ）が付くこともあります。

**2** ③れいは「」（かぎ）が付いていますが、その会話の切れ目を表しています。

**1** 文の終わりは丸（。）、文の意味の切れ目に点（、）を付けます。

**4** ①わたしは、弟と友だちの家へ行きました。「と」と言いかえられるので、主語ではありません。
②わたしは、弟と友だちの家へ行きました。

**3** ①わたしは、弟とお父さんと友だちの家へ行きました。
②わたしは、弟とお父さんと友だちの家へ行きました。
③わたしは、弟とお父さんと友だちの家へ行きました。

**2** ①広場に行った。
②友だちがサッカーを

**1** ①電気を
②
③
④
⑤

---

**⑧ まる点・てん点・「」（かぎ）の つかい方** 53～54ページ

---

## （左側ページ）

後悔していることがあります。その前に……

（本文つづき）…あれは、ぼくのせいでいなくなった。「かつて、ぼくのへやにいた。」という形です。文章の最後の言葉を、③という形で答えます。問いの言葉から読み取ります。

**2** ①「」（かぎ）の中から具体的な内容をおさえます。③前後の言葉から答えを探します。

**1** ②後に続く言葉を文章から読み取ります。

**2** ③ウ
②ウ
①れい（ぼくたちが、）みんなのためにパンを食べるのにいちばんいいパンを、たくさんのパンの間に……

**1** ①川（に）
②国のある
③南の

---

**⑩ ものがたりの 読みとり①** 57～58ページ

替えても正解となりますが、それ以外の言葉や順序は、文章にぴったり合う言葉を入れます。

**5** 文をぬき出すときは、「」（かぎ）やまる点（。）、てん点（、）も正かくに書きぬきましょう。

**4** 述語は文末にあることが多いので、文末に注目して読み、文の意味が通る主語をおさえます。

1 ①ウ
　②一とう・びんぼうな ひゃくしょう
　③ア
2 ①ウ
　②イ
　③（きずぐちから）ちが ふき出した。

● アドバイス

1 ①前後のつながりをおさえて、適切な接続語を選ばせましょう。一等だった者が、殿様が想像した人物は違っていたことを示す言葉「ところが」が当てはまります。
　②殿様がとった行動の理由を、しっかりつかませましょう。後の答えは「ひゃくしょう」だけでは不十分です。
　③殿様の後の方の言葉に注目して、殿様の性格を読み取らせましょう。

2 ①「たきのように」は、汗が激しく流れ落ちる様子をたとえています。何を何にたとえているのかを、正しくつかませましょう。
　②慣用句が表す様子を、正しくつかませます。「歯を食いしばる」は、「（つらいことや苦しいことなどに）歯をかみしめてじっとがまんする様子」を表します。
　③文章の流れと、場面の様子をしっかりつかませましょう。

1 ①草
　②・はねて　・空を とんで
　③ウ
2 ①ベラ・とげ
　②ア・エ
　③アザミ・サボテン 〈順不同〉

● アドバイス

1 ②ベッタには、二通りの逃げ方があることをきちんとおさえさせましょう。
　③文章の内容を正しく理解できているかを確かめる問題です。イと答えてしまうかも

しれません。その場合は、最後の一文をよく読ませて、間違いに気づかせましょう。
2 ①文章の中ほどの「このような ベランが 作られたので、ベランには とげが あるのです。」の一文に、注目させましょう。
　②文章の内容を、細部まできちんと理解できているかを確かめる問題です。ベランは動物に食べやすい高さに育つが、とげがあることによって食べられない、ということを正確にとらえさせましょう。

1 ①イ
　②光を 分ける はたらき
　③にじ（の 色）・七つの 色（七色）
2 ①水・こおり
　②れい形を かえて 空気の 中に 入りこみ 風などに もち上げられて
　③雨・雪 〈順不同〉

● アドバイス

1 ①第二段落に「……ときだけ にじが 見えます」とあり、虹が見えるときの条件が説明されています。
　②「プリズム」の直前にある「……はたらきの ある」の部分に注目させましょう。
　③第四段落の最後の部分をまとめています。解答欄の文は本文とは違う表現になっているので、解答欄の文に合わせて言葉を入れるように注意させましょう。

2 ①第一段落に「雲は、何で できて いると 思いますか」という問いかけがあります。その後に、その答えにあたる内容が書いてあります。
　②—線の直後に「この 水が」で始まる一文があります。そこから、水が空く上っていく過程について読み取らせましょう。
　③最後の段落に注目させます。雲の中で水の粒どうしがくっついて雨や雪がふるという事実をとらえさせましょう。

④「ね」「よ」「な」「ぞ」などの形になる表現が使われる。

**2** ①「へ」 ②「と」「や」 ③は「と」「へ」「が」「は」「より」

最後の部分では、作者の感動が強く表れることが多いので、詩では言葉をさがしながら、第三連と第六連が対応していることがわかります。

**アドバイス**

**1** ②第一連と第四連、第二連と第五連、第三連と第六連が対応しています。

**れい**
・うつくしいことをいっているから。
・うつくしいことがある

**2** ①イ ビジュタイン ②は
③は「とびたいから」

**1** ①草の色
②草 ③は

---

**15 しの読みとり** 67〜68ページ

**アドバイス**

**1** ①第二段落に「まず」、最後に「つぎに」という順序を表す言葉があるので注意します。

**れい** その春の日というのは、立春から数えて八十八日目のことをいいます。

**2** ①太陽と地球の位置関係で決まるので、意識しなくても毎年同じ日にちが春の日になります。

**れい** ③と答えるとき「なぜ」という問いには「〜から」という言葉で答えます。

**アドバイス**

**1** ①イ
②新しい
③れいおみなが水の中やおなかのなかにおれずに

**2** ①タ
②水の中
③おみな

---

**14 せつめいの文の読みとり③** 65〜66ページ

---

**3** 「は」「を」「へ」などの使われ方を正しく覚え、言葉の使い方順を…

**1** ①ぼくは近所の川原で草とり
②日曜日の朝、おとうさんはわたしと川原で草とりをしました。
③わたしは、十三日に家でたん生日パーティーを開きました。お母さんが（は）たくさんのごちそうを作ってくれました。

**2** ③夏休みに
姉

---

**17 作文の書き方②** 71〜72ページ

---

**3** 「ぼく」「わたし」という言葉は、文頭に注目して「だれが」を答えます。

**2** 「は」「を」「へ」「で」「に」「と」「が」「も」などの言葉に注意します。

**1** ①「、」「。」は、正しくつけられているかをたしかめます。

**アドバイス**

**2** ②れいわたしは家で、おとうさんと花火を見ました。お母さんとわたしと妹と、土曜日に買いものをしました。夜、おとうさんと花火を見ました。

**3** ①ア
②れいわたしは土曜日に買いもの
③家へ
④ぼくと（は）

**1** ①今年のお正月（に）
②川原（で）
③家へ、お父さんとお母さんとお兄ちゃんと

---

**16 作文の書き方①** 69〜70ページ

「は」「を」「へ」などの気持ちを表す言葉に対していねいに書けているかをたしかめましょう。感動

94

# 生　活

① **野さいを　そだてよう**　73〜74ページ

**1** ①ナス
②ジャガイモ
③ピーマン

**2** ①あに○
②いに○

**3** あ3　　　い4
う2　　　え1

**4** ①　②　③
（線が交差している図）
あ　い　う

**●アドバイス**　**2**　サツマイモを植えるときは，苗を土にねかせて，茎に土をかけ，水をやります。すると，茎にある節（葉のつけ根）から根が出てきます。

**3**　苗を植木鉢に植えたら，たっぷり水をやりましょう。支柱は立てるだけでなく，支柱と茎をひもで結んでおきましょう。

**4**　野菜が実るようすを知ることで，ふだん食べている野菜に対する理解や興味が深まるでしょう。自分で育ててみるのもよい方法です。問題にあげた野菜のほかに，ダイズ（枝豆），トウモロコシ，カボチャなども育てやすい野菜です。

② **まちを　たんけん　しよう**　75〜76ページ

**1**　行ったことがある場しょに○をつけましょう。

**2**　①　②　③
（線が交差している図）
あ　い　う

**3**　②に×

**●アドバイス**　**1**　行ったことがある場所を思い出させることで，地域のようすへの理解や関心を深めさせましょう。さらに，行った

場所でどんなことをしたか，経験を振り返らせると，地域の人たちとのかかわりに気づかせることができるでしょう。

**2**　地域ではたらく人がどんなことをしているのかを知ることで，ふだんの生活が地域の多くの人に支えられていることに気づかせましょう。

**3**　公共の場で行動するときのきまりを，しっかりと身につけさせましょう。

③ **生きものを　さがそう，生きものを　そだてよう**　77〜78ページ

**1** ①アゲハ　　　②カブトムシ
③テントウムシ　④ダンゴムシ
⑤メダカ　　　⑥カマキリ

**2** ①モンシロチョウ　②トンボ
③カエル

**3** ①い，え，か，くに○
②（水は）かえる。

**4**　食パン，かつおぶし

**●アドバイス**　**2**　モンシロチョウやトンボは見かけても，その幼虫を見ることはほとんどないということもあるでしょう。どうしても実際に観察することが難しい場合は，図鑑や動画などで，その姿を確かめさせるとよいでしょう。

**3**　生き物を実際に飼い育てることは，生き物に親しみをもたせるとともに，よりよい条件で飼うことができるようになることで，生き物を大切にし，責任感をもたせることにもつながります。

ザリガニを飼うときは，ザリガニだけを水槽に入れて飼います。1つの水槽にほかの生き物と一緒に入れると，ザリガニはほかの生き物を食べてしまいます。

水槽に入れる水の量は，ザリガニの体がかくれるくらいにしておきます。底には砂を入れ，ザリガニがかくれるところをつくるようにします。また，ザリガニのえさにもなる水

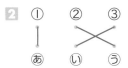

草を植えるなどしましょう。

　水が汚れたら，水槽の壁をきれいにして，水をとりかえましょう。このとき，水は１日くみ置きしたものを使います。

4　ガムやあめなど，お菓子は生き物のえさとしては適当ではありません。

### 4　まちの　しせつを　つかおう　79~80ページ

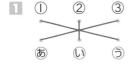

2　①○　　　②×　　　③×

3　③，④，⑤に×

4　②，③に×

**アドバイス**　1　日々の暮らしの中でよく使う公共施設を知ることは，生活圏を広げることにもつながるので大切なことです。お子さんと公共施設を利用するときには，どんなときに利用するところか話し合ってみるとよいでしょう。

2　公共施設ではほかの人に迷惑をかけてはいけないこと，皆で利用するものは大事に扱うことなど，きまりを身につけさせましょう。

3　4　ふだん，家の人とバスなどに乗るときと，ひとりで乗るときやお友だちと乗るときとでは，お子さんの心理状態が変わります。ひとりで乗るときやお友だちと乗るときは，どんなことに注意をしなければならないか，一緒に乗ったときに話してあげてください。

### 5　うごく　おもちゃを　作ろう，きせつと　くらし　81~82ページ

1　①う　　　②あ　　　③い

2　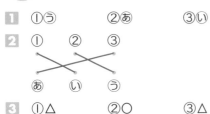

3　①△　　　②○　　　③△
　　④○　　　⑤×

4　①夏　　　②冬　　　③春

**アドバイス**　1　おもちゃで楽しく遊ぶことは大切な経験です。その中で，おもちゃの動くしくみについて考えさせると，探究心を養うことにつながります。簡単なおもちゃを身近なもので実際に作ってみると，しくみも理解しやすく，また，作る喜びを経験させることもできます。

2　それぞれのおもちゃの絵を注意深く見せて，どんな材料が必要なのかを考えさせましょう。材料のどの部分が完成したおもちゃのどこにあたるのかを理解することで，実際におもちゃを作るときに，自分の作りたいおもちゃにはどんな材料が必要なのかを考えるヒントにもなるでしょう。

3　身近な自然や暮らしの季節ごとの変化を知ることは，生活感覚を養うことにつながります。ふだんの生活の中で，植物や動物の変化にも目を向けさせるようにしましょう。

4　季節の行事に参加させて，季節感を身につけさせることも大切です。一緒に行事に参加して，行事の意味についても話してあげると，なおよいでしょう。

### 6　こんなに　大きく　なったよ　83~84ページ

1　どれに○をつけてもかまいません。

2　できるようになったことや上手になったことに○をつけましょう。

**アドバイス**　1　調べ方を自分なりに工夫させましょう。ここにあげた以外のほかの調べ方をしていたら，下の枠（ほかの　しらべ方が　あったら　書きましょう。）に書き入れさせましょう。また，調べた結果についても聞いてみましょう。

2　ほかにもいろいろなことができるようになったことでしょう。下の枠（この　ほかにできるように　なった　ことや，上手に　なった　ことが　あったら　書きましょう。）に何か書いてあればよいでしょう。